AF315597

CAUSERIES

D'UN INSTITUTEUR

Certificat d'Études primaires (Le), Choix de Compositions écrites, Orthographe, Calcul, Rédaction, pour la préparation au Certificat d'Études primaires, par *M. B. Subercaze*, inspecteur de l'instruction primaire, officier de l'instruction publique :

Première Année (200 dictées, 400 problèmes, 200 sujets de rédaction), à l'usage des maîtres : 7ᵉ édition; 1 vol. in-12, précédé de la législation relative au Certificat d'Études primaires élémentaires,   *cart.* 2 f.

Le même, sans les dictées (400 problèmes, 200 sujets de rédaction), à l'usage des élèves : 5ᵉ édition; 1 vol. in-18,   *cart.* 75 c.

Deuxième Année (200 dictées, 400 problèmes, 200 sujets de rédaction), à l'usage des maîtres : 4ᵉ édition; 1 vol. in-12,   *cart.* 2 f.

Le même, sans les dictées (400 problèmes, 200 sujets de rédaction), à l'usage des élèves : 3ᵉ édition; 1 vol. in-18,   *cart.* 75 c.

Troisième Année (200 dictées, 400 problèmes, 200 sujets de rédaction), à l'usage des maîtres : 2ᵉ édition; 1 vol. in-12,   *cart.* 2 f.

Le même, sans les dictées (400 problèmes, 200 sujets de rédaction), à l'usage des élèves; 1 vol. in-18,   *cart.* 75 c.

Dans la *Deuxième Année* et dans la *Troisième Année*, les sujets de rédaction sont le plus souvent en rapport avec le sujet développé dans la dictée.

Grammaire de la Langue française, répondant aux programmes officiels de l'enseignement secondaire classique (Division de Grammaire), de l'enseignement secondaire moderne et des écoles normales primaires, par *J. Clément*, agrégé de grammaire, ancien proviseur, revue et publiée par *M. J. L. Clément*, ancien élève de l'École normale supérieure, agrégé de grammaire, professeur au collège Stanislas; 1 fort vol. in-12, *cart.* 3 f. 25 c.

Géographie de la France, de ses Colonies et Protectorats, par *M. A. Gasquet*, recteur de l'académie de Nancy; 1 fort vol. in-12, *accompagné de 44 cartes relatives aux défenses maritimes et aux défenses terrestres, aux estuaires des grands fleuves, aux principaux massifs de montagnes, etc.*, rel. toile, 5 f.

Géographie générale, physique et politique, comprenant les cinq parties du monde (Europe, Asie, Afrique, Amérique, Océanie), à l'usage des candidats aux écoles spéciales, des cours de l'enseignement secondaire, des écoles normales et des écoles primaires supérieures, par *M. A. Gasquet* : 5ᵉ édition, revue et augmentée; 1 fort vol. in-12,   *cart.* 6 f.

La Physique et la Chimie du Brevet élémentaire de capacité de l'enseignement primaire, ouvrage rédigé conformément aux programmes officiels, à l'usage des élèves des écoles primaires supérieures, des aspirants et des aspirantes au brevet élémentaire et des candidats aux écoles normales primaires, par *M. E. Bouant*, ancien élève de l'École normale supérieure, agrégé des sciences physiques, professeur au lycée Charlemagne : 3ᵉ édition, avec emploi des *notations atomiques;* 1 fort vol. in-12, *avec 310 gravures dans le texte,*   *cart.* 3 f. 50 c.

Cours d'Histoire Naturelle, répondant aux programmes de l'enseignement secondaire et des écoles normales primaires, par *M. J. Langlebert*, professeur de sciences physiques et naturelles, officier d'académie : 58ᵉ édition, contenant un résumé général des classifications zoologique, botanique et géologique actuellement suivies dans nos écoles; 1 fort vol. in-12, *avec 620 gravures dans le texte,*   *br.* 4 f.

Notions usuelles de Droit civil, ou exposé des règles pratiques du Code civil, par *M. J. B. Chassaing*, licencié en droit, sous-chef de bureau au ministère de l'instruction publique; 1 vol. in-12, *br.* 2 f. 50 c. — *rel. toile,* 3 f.

Cours sommaire de Législation commerciale, industrielle et financière, rédigé d'après les programmes officiels, par *M. Henry Mager*, avocat, professeur de droit commercial, membre de la Société de Géographie commerciale de Paris; 1 fort vol. in-12, *avec une carte de la compétence judiciaire commerciale en France,*   *br.* ou *cart.* 3 f.

Cours de Philosophie, rédigé conformément aux programmes officiels des lycées, par *M. H. Joly*, doyen honoraire de la faculté des lettres de Dijon : 9ᵉ édition; 1 fort vol. in-12,   *br.* 5 f.

CAUSERIES D'UN INSTITUTEUR

SUR LES PRINCIPES ÉLÉMENTAIRES

DE L'ÉCONOMIE POLITIQUE

PAR

TH. DESDOUITS

ANCIEN PROFESSEUR DE PHILOSOPHIE, DOCTEUR ÈS LETTRES,
EXAMINATEUR A L'HÔTEL DE VILLE.

OUVRAGE COURONNÉ
PAR L'ACADÉMIE DES SCIENCES MORALES & POLITIQUES

PARIS

IMPRIMERIE ET LIBRAIRIE CLASSIQUES

MAISON JULES DELALAIN ET FILS

DELALAIN FRÈRES, Successeurs

56, RUE DES ÉCOLES.

PRÉFACE

Si le socialisme devait réellement faire régner la justice et diminuer la misère, il faudrait être bien rétrograde ou bien égoïste pour le combattre. Mais si, au contraire, les moyens qu'il propose pour supprimer la misère ne peuvent aboutir qu'à l'aggraver; si, au lieu d'un progrès social, le régime que rêvent les chefs de l'école socialiste n'était que le retour à un état de civilisation très imparfaite, ce serait un service à rendre que de montrer ces conséquences.

Sans doute, il ne suffit pas de réfuter le socialisme pour résoudre toutes les graves questions qui se posent aujourd'hui et pour remédier à tous les maux dont souffrent les sociétés modernes; ce remède ne peut se trouver que dans l'esprit de fraternité, de charité chrétienne, dans le sentiment de solidarité qu'inspire la foi en un Père commun. Mais les intentions les plus belles, comme les idées les plus ingénieuses, ne peuvent aboutir à un résultat pratique qu'à *la condition de tenir compte, avant tout, d'un certain nombre de vérités élémentaires, fondements de toute morale sociale.* Ces principes premiers de la morale sont en même temps les lois de l'économie politique. On les trouve aujourd'hui exposés avec autant de clarté que de science dans beaucoup de bons livres : il serait donc inutile de chercher à en faire de meilleurs; il ne reste qu'à en faire de plus petits : c'est là notre seule ambition.

Causeries d'un Instituteur

SUR LES

PRINCIPES ÉLÉMENTAIRES DE L'ÉCONOMIE POLITIQUE

INTRODUCTION

Commençons par faire un peu connaissance avec notre modeste conférencier, Jean Duvernet, ancien ouvrier, actuellement instituteur dans la commune de Valjour.

Il était d'une famille où le courage et le dévouement passaient à bon droit pour héréditaires. Son père, ouvrier laborieux et très habile, avait travaillé vingt ans dans la principale usine de Valjour ; il était mort en 1860, victime de son dévouement : dans une terrible inondation, il avait sauvé dix personnes ; de ce nombre étaient le contremaître Durand et sa fille Jeannette, âgée alors de huit ans. Le courageux sauveteur, en se jetant dans l'eau, avait pris froid, et mourait en quelques jours d'une fluxion de poitrine. A son lit de mort, il fit à son fils Jean, âgé de neuf ans, cette triple recommandation : « Sois bon chrétien, sois bon ouvrier, sois un homme utile. »

L'enfant n'oublia jamais ces paroles. Il entra, très jeune encore, dans l'usine où Durand était contremaître ; il ne tarda pas à devenir un bon ouvrier ; mais cela ne lui suffisait pas : il voulait s'instruire et fréquentait les écoles du soir avec le plus grand zèle ; car il avait entendu dire qu'avec de l'instruction on peut devenir un *homme utile ;* et ce mot d'*homme utile* était devenu comme sa devise.

Grâce à son travail, à sa bonne conduite, il avait déjà fait quelques économies à l'âge de dix-neuf ans; il comptait bien les augmenter dans la suite; et, du reste, ce n'était un secret pour personne que le contremaître Durand avait l'intention de lui accorder un jour la main de Jeannette.

Mais la guerre de 1870 éclata. Duvernet s'engagea avec empressement. De soldat, il devint vite sergent : nous ne saurions énumérer en détail tout ce qu'il fit. Disons seulement que, par son courage, son entrain, sa bonne humeur, il soutenait merveilleusement, dans les marches forcées, les soldats fatigués. Que de fois, dans les retraites, il rendit le courage aux plus abattus!

Dans les derniers jours de la campagne de l'Est, il défendit, avec trente hommes, un étroit défilé. Il tint bon pendant plus d'une heure : cette défense héroïque assura la retraite d'une division menacée d'être cernée. A la fin, un éclat d'obus cassa le bras au brave sergent : l'amputation fut jugée nécessaire. Le blessé guérit et reçut la croix de la Légion d'honneur.

C'était beau! Mais être manchot à vingt ans! — A quoi serai-je utile, maintenant, disait-il un jour? Et mon père qui m'avait recommandé d'être un bon ouvrier! Je ne suis plus bon qu'à vivre sans rien faire, de ma petite pension militaire... Cependant, après tout, je crois que mon père m'aimerait encore mieux comme cela.

— Et moi aussi, reprit le contremaître Durand, qui avait entendu ces dernières paroles; et ce n'est pas moi seulement, c'est aussi Jeannette qui t'aime encore mieux comme cela.

— Jeannette! Est-ce possible? s'écria le pauvre manchot. Je savais bien, depuis longtemps, vos bonnes intentions pour moi, en souvenir de mon père; mais comment croire qu'avec un seul bras....?

— C'est bien ce que je lui ai dit. Je ne veux pas forcer son inclination et ne prétends pas qu'elle t'épouse par obéis-

1.

sance, malgré elle. Mais, d'après ce qu'elle m'a répondu, j'ai bien compris que ce ne serait pas malgré elle.

Jean Duvernet était transporté! — Je croyais, s'écria-t-il, devoir renoncer à Jeannette pour toujours! Non, je n'aurais jamais osé vous la demander!

— Aussi on te la donne sans que tu la demandes.

— Quelle reconnaissance je vous dois! Mais comment faire? Je suis incapable de travailler. Je ne puis cependant vous être à charge ni vivre uniquement du travail de ma femme.

— Eh bien! tu vivras du tien. J'ai pourvu à tout. Tu ne peux plus te livrer à des travaux manuels; mais tu as de l'instruction : tu as suivi pendant plusieurs années des cours d'adultes, et tu as même obtenu le brevet élémentaire, qui permet d'être instituteur : voilà ton avenir. J'ai donc été voir l'Inspecteur d'Académie : voici ton arrêté de nomination à l'école d'une commune voisine. Ce n'est qu'une petite commune; mais je te connais : tu continueras d'étudier, tu prendras ton brevet supérieur, et avant peu d'années tu seras appelé à notre grande école de Valjour. Je parie que tu ne te reposeras pas et que tu feras, à ton tour, des cours d'adultes aux ouvriers de notre usine. Mais je suis pressé; viens de ce pas chez M. le Curé pour fixer le jour de ton mariage.

Trois ans après, Duvernet était nommé à l'école de Valjour. Comme l'avait prédit son beau-père, il s'était mis à étudier avec passion et avait acquis une instruction aussi solide que variée. Histoire, philosophie, économie politique, sciences physiques et naturelles, lui étaient devenues familières. Il ne tarda pas à faire des cours d'adultes qui eurent un grand succès. Estimé, aimé de tous, il ne voulut jamais quitter Valjour pour un poste plus élevé. Il se sentait comme chez lui au milieu d'une population ouvrière, et les ouvriers de l'usine lui rendaient bien cette affection. Dans les premiers jours de 1893, l'un d'eux vint trouver le père Durand, au nom de plusieurs camarades, et lui dit : « Il nous est « venu une idée : puisque M. votre gendre, dans ses cours « du soir, nous parle si bien des lois de la nature, pour- « quoi ne nous parlerait-il pas aussi des *lois sociales?* Dans « son école, il fait à nos enfants des cours de morale, d'in- « struction civique, et même un peu d'économie politique : « pourquoi n'en ferait-il pas dans ses cours du soir? Faut-il « donc, si nous sommes curieux d'en apprendre quelque « chose, que nous soyons obligés d'en chercher les éléments « sur les cahiers de nos fils? »

Ces reproches flatteurs furent rapportés par le contre-maître à son gendre.

— Il y a longtemps, lui répondit Duvernet, que je songeais à aborder dans nos causeries du soir les questions sociales et les principes élémentaires de l'économie politique. Mais ce qui m'a toujours arrêté, c'est que ces matières touchent de trop près à la politique.

— C'est vrai, reprit Durand; mais, traitées par toi, elles ne blesseront et ne fâcheront personne.

Convaincu par cet argument, Duvernet s'assura de l'approbation de ses supérieurs hiérarchiques et résolut d'aborder sans crainte, devant ses auditeurs du soir, les questions brûlantes qu'il avait évitées jusque-là.

Nous essayerons de résumer les conférences qu'il fit sur ce sujet. Nous croyons assez exacte l'analyse que nous en reproduisons : nous la tenons d'un auditeur très attentif et très consciencieux.

PREMIÈRE CAUSERIE

DE LA **PRODUCTION** DE LA RICHESSE. — DE LA VERTU CONSIDÉRÉE COMME **FACTEUR** DE LA RICHESSE PUBLIQUE.

I. L'Économie politique est une science morale. — Ses rapports avec la morale. — Principes généraux du *devoir* et du *droit*.

II. Premiers facteurs de la production : le travail. — L'épargne. — Grandeur morale de ces deux vertus.

III. Autre facteur de la richesse : l'esprit de fraternité et la bonne entente entre les travailleurs.

IV. Réfutation du préjugé vulgaire sur la prétendue opposition des intérêts.

V. La vertu et la richesse ne sauraient être en proportion exacte chez les *individus*; mais elles sont cependant à peu près en proportion directe dans la société.

VI. Influence des croyances philosophiques et religieuses sur la moralité générale et, par suite, sur le progrès social.

Mes amis,

Nous avons vu, dans les causeries sur les sciences et sur l'histoire, comment le progrès scientifique a contribué au développement de la richesse publique. Nouveaux procédés de culture, amélioration du sol, assainissement des régions marécageuses, inventions industrielles qui permettent de produire plus avec moins de peine, perfectionnements dans les moyens de transport, progrès de l'hygiène, de la médecine, de la chirurgie, grâce auxquels la moyenne de la vie humaine a été augmentée : tels sont, en abrégé, les bienfaits dont notre siècle est redevable à la science. Et cependant la science n'est pas le seul facteur de la prospérité publique. Il y en a un autre : c'est la *vertu*.

I. Une science existe dont l'objet est précisément de montrer en quoi les vertus individuelles et les vertus sociales servent à accroître la richesse publique. Cette science est celle dont vous m'avez demandé de vous entretenir; on l'appelle l'*économie politique*. On la classe dans la catégorie des *sciences morales*. Il semblerait, au premier abord, que cette classification est peu justifiée. Ne serait-il pas plus naturel de ranger l'économie politique parmi les sciences de la matière? En effet, dira-t-on, son but est la production de la richesse matérielle. Il est vrai; mais cependant c'est bien une *science morale*; car, nous le verrons, elle est entièrement subordonnée à la morale. La richesse publique est impossible à créer et à conserver sans le respect mutuel des droits de chacun. Mais *le droit est à son tour une conséquence du devoir* : c'est donc à la morale à nous dire ce que c'est que *le droit* et ce que sont nos différents *droits*. La nature de mon sujet m'oblige donc à rappeler tout d'abord, en quelques mots, les *principes élémentaires de la morale*, avant de poser ceux de l'économie politique. Je ne vous dirai d'ailleurs là-dessus que des choses que vous savez déjà, des choses dont vous avez la claire intuition dans votre conscience. Je veux seulement chercher avec vous quelle est l'harmonie de ces principes de la morale avec l'ordre social, et tâcher de vous montrer qu'ils ont toute la rigueur scientifique que la raison cherche dans les différents ordres de nos connaissances.

En étudiant la nature, nous parlions de *lois*; par ce mot de *lois*, nous désignons la régularité avec laquelle s'accomplissent les mouvements du monde, et surtout l'admirable harmonie avec laquelle ces mouvements concourent à l'ordre et à la stabilité de l'univers. La loi, c'est donc *l'ordre* établi dans la nature par la sagesse du Créateur. Or, l'homme aussi a une loi; il a, comme les forces naturelles, une *destination à remplir*; mais sa *volonté est libre*. La nature accomplit aveuglément et par nécessité les mouvements que Dieu lui a imprimés, et nous offre ainsi, sans le savoir, l'admirable spectacle de l'ordre et de l'harmonie universelle; l'homme, au contraire, est fait pour concourir volontairement et par son propre choix à l'ordre, c'est-à-dire *au plan de Dieu*, dont notre conscience nous transmet les ordres. En suivant sa conscience, l'homme réalise en lui-même un ordre encore plus merveilleux que celui du monde, une harmonie dont la beauté n'est pas visible avec les yeux du corps, et qui cependant n'est pas moins sensible à toutes les âmes; car tout ce que nous admirons le plus et dans l'histoire et dans la vie quotidienne, c'est, en somme, la vertu.

Si nous sommes libres, si aucune contrainte ne nous force à accomplir ce bel *ordre* en nous-mêmes, si nous avons le *pouvoir* d'y déroger et de produire à la place le *désordre*, du moins *nous n'en avons pas le droit*; nous ne pouvons résister à notre conscience *qu'en diminuant notre valeur morale*; et cette alternative inévitable *de faire le bien ou de déchoir*, s'appelle l'**obligation morale** ou le *devoir*.

Le *devoir*, mes amis, c'est le nom le plus sublime, — après celui de Dieu, — qu'aucune langue humaine puisse prononcer. Infiniment respectable, le devoir seul peut devenir le principe de tout ce qui est respectable; et par conséquent il est le seul principe d'où l'on puisse déduire le *droit*. Essayons de voir comment se fait cette déduction.

Puisque nous avons des devoirs, il est contre l'ordre de nous empêcher de les accomplir : donc *il est dans l'ordre que nous résistions à celui qui s'oppose à nos devoirs*. De là le premier des droits, principe de tous les autres, *le droit d'obéir à ma conscience*. Mais ma *liberté* est la *condition de mes devoirs*; à ce titre, elle est sacrée; nul ne peut m'empêcher de l'exercer comme je veux,... excepté quand l'emploi que j'en fais est funeste aux autres ou funeste à moi-même. A plus forte raison, ma vie doit être respectée, et j'ai le droit de la défendre par la force contre la force. C'est ce qui s'appelle le *droit de légitime défense*. Enfin, si j'ai le droit d'user de ma liberté, il en résulte que j'ai le *droit* de posséder et de conserver les biens que j'ai produits par l'exercice de ma liberté, c'est-à-dire *par mon travail*. Nous verrons plus loin que toutes les questions relatives à la propriété se résolvent par ce principe.

De ce respect du *devoir* en ma personne et du *droit* dans la personne des autres, résulte l'ordre et la paix dans la société; or la prospérité générale est évidemment liée à la paix et à l'ordre qui règne entre les différents membres de la société. Il y a donc là une première raison de compter l'économie politique parmi les sciences morales.

En voici maintenant une seconde : Non seulement la vertu est la *condition* de la prospérité publique, mais elle est encore le *facteur* principal de la richesse. Le travail qui produit la richesse est une vertu. Une fois produite, qu'est-ce qui conserve cette richesse? Une seconde vertu, la tempérance. Qu'est-ce qui détermine la répartition de la richesse? La *justice* d'abord, et la vertu de *justice* doit être complétée par la vertu de *charité*.

II. Voyons donc un peu toutes ces vertus à l'œuvre; voyons comment *elles se transforment en richesse*. Pour le *travail*, la chose est évidente; mais parlons-en tout de même un peu; car il fait notre grandeur, notre dignité. Le travail n'est pas seulement une vertu; il est la condition des autres vertus. L'homme est né *actif* : il faut que son activité s'exerce bien ou mal. S'il ne l'exerce pas par le travail, il l'emploiera à des actes inutiles, nuisibles; il aura tout son temps pour mal faire. Le vieux proverbe qui appelle l'oisiveté *la mère de tous les vices* est toujours vrai. La réciproque ne l'est pas moins : le travail fait germer en nous la vertu.

Toutefois gardons-nous bien de croire qu'il n'y ait qu'une seule espèce de travail, le travail manuel, et que l'homme d'étude, l'artiste, le penseur, soient des oisifs. Songeons aux services qu'ils peuvent rendre, les uns par des inventions qui s'appliqueront plus tard à la culture, à l'industrie, et augmenteront la richesse publique; les autres par des écrits ou des œuvres d'art dont l'étude peut contribuer à élever le niveau général de l'instruction nationale. Que de progrès dans la législation, dans les institutions politiques et sociales, sont dus à des hommes dont le public disait peut-être : « Ce sont des rêveurs, des oisifs. » On ne les comprenait pas; et ces incompris ont été souvent les bienfaiteurs de l'humanité. Ajoutons que le travail intellectuel est souvent aussi fatigant que le travail manuel. Que d'efforts cérébraux, que de peine et de labeur il a fallu à un médecin, à un jurisconsulte, à un ingénieur, pour arriver à leur position actuelle! Et quel travail il leur faut encore chaque jour pour se tenir au courant des progrès de la science! Ainsi personne n'échappe, ou du moins personne ne doit échapper à la loi du travail. Celui qui n'a pas besoin de travailler pour gagner sa vie doit travailler pour les autres; et les exemples ne manquent pas pour prouver que les riches comprennent cette loi.

Doit-on regretter que cette obligation du travail s'impose ainsi à tout homme? Non; car, si elle est souvent dure, elle fait notre grandeur et notre dignité. C'est par le travail que nous affirmons notre supériorité sur la nature. N'est-ce pas le travail qui la transforme, qui l'asservit à notre utilité? Par elle-même, elle ne nous fournit guère qu'une chose, la matière de notre travail; et cette matière première, à nous de l'extraire, de la façonner, de l'*utiliser*; à nous seuls revient la peine et l'honneur de féconder la terre par la culture, de dompter les animaux, qui deviennent nos plus utiles serviteurs. Le travail a fait plus : il a su retenir la mer par des digues, conquérir des terres sur l'Océan; il a détourné le cours des fleuves; que dis-je? il a détourné le cours du tonnerre à l'aide d'une barre métallique, et, non content de le rendre inoffensif, il l'a fait circuler sur un fil électrique pour porter, en un quart de seconde, nos dépêches à nos amis ou à nos correspondants. C'est dans cette victoire de l'homme sur la nature que se manifeste l'excellence de son âme. Voilà pourquoi le travail est l'honneur de l'homme. Il est pénible, sans doute; mais, si la Providence a imposé cette peine à l'homme, c'est qu'elle veut que nous devenions les artisans de notre propre grandeur, et que nous nous élevions en dignité par nos efforts personnels.

Après le travail qui produit, l'*épargne* qui conserve. Cette seconde vertu, comme le travail, est une forme du courage; car il faut souvent une grande force de volonté pour se priver, même du superflu. L'épargne suppose également le dévouement et l'esprit de famille; car l'homme tempérant n'économise pas seulement pour ses vieux jours; il songe avant tout à ses enfants : c'est pour eux qu'il se prive. Là encore, comme dans le travail, se manifeste la noblesse du cœur.

III. Ce n'est pas assez de travailler; il faut travailler en commun pour produire la richesse. Or, pour que le travail en commun prospère, il faut que la bonne harmonie règne entre les travailleurs. Cette harmonie suppose deux vertus : la *justice* et la *fraternité*. Il est bien évident qu'en parlant ici des travailleurs j'entends, par ce mot de *travailleurs*, non seulement les ouvriers qui travaillent des mains, mais aussi le patron qui les emploie, les ingénieurs qui les dirigent. Si on s'entend mal entre patrons et ouvriers, la production en souffrira; si on ne s'entend plus du tout, elle cessera absolument, comme dans les grèves.

Nous verrons plus tard pourquoi la loi reconnaît le droit de grève, *à la condition toutefois de ne pas gêner la liberté des ouvriers qui veulent continuer le travail*; aujourd'hui, sans entrer dans le fond de la question, je n'en parle que pour prendre acte d'une vérité évidente : c'est que la grève, comme la guerre, doit aboutir le plus tôt possible à la conclusion de la paix; sinon, elle appauvrit à la fois les vainqueurs et les vaincus; *elle appauvrit les consommateurs en faisant hausser le prix des produits; elle n'enrichit que l'industrie étrangère*. L'intérêt bien entendu conseille donc à tout le monde d'éviter cette guerre; et cependant l'intérêt ne suffit pas : il faut, en outre, que, de part et d'autre, on soit animé d'une véritable fraternité; sans quoi la jalousie, la méfiance, l'antipathie, la colère, nous aveugleraient sur nos véritables intérêts. Ainsi l'économie politique nous dit, comme la morale : « Aimez-vous les uns les autres. »

Est-ce donc si difficile de nous aimer les uns les autres? Certains penseurs misanthropes l'ont dit. *L'homme*, à les en croire, *est un loup pour l'homme*. C'est le contraire qui est vrai, quand la nature n'est pas pervertie. Il y a un instinct de bonté et de fraternité dans le cœur humain. Pour le prouver, je n'ai qu'à en appeler à votre conscience. Voici un homme en danger; vous ne le connaissez pas; mais, d'instinct, vous volez à son secours. S'il tombe à l'eau, vous vous y jetez pour le sauver. Un cheval s'emporte : vous sautez à la bride, et vous arrêtez la voiture qui va verser, même si cette voiture porte un de ces millionnaires que parfois nous sommes tentés de regarder avec un œil d'envie.

IV. Ce n'est donc pas par un instinct naturel que, — trop souvent hélas! — les hommes sont ennemis les uns des autres; c'est par l'effet d'un *préjugé*; et ce préjugé consiste à croire que leurs intérêts sont en opposition. Or cette opposition est plus souvent apparente que réelle.

Ainsi un marchand se trompe quand il s'imagine avoir intérêt à vendre les choses plus cher qu'elles ne valent : il réalisera sans doute un gain, *pour le moment*; mais bientôt ses pratiques le quitteront pour s'adresser à des fournisseurs plus consciencieux. On se trompe toutes les fois qu'on pense avoir intérêt à frauder; car on arrive à perdre la confiance. Si notre intérêt vrai est d'être justes, il nous importe aussi d'être bons et humains. Un maître qui serait dur envers ses domestiques se verrait bientôt réduit à être lui-même son propre valet de chambre et son propre cocher. Réciproquement, un domestique malveillant ou impoli serait bientôt sans place. Une administration a intérêt à ne pas être injuste envers ses employés; ceux-ci ont intérêt à satisfaire l'administration. En fait de salaires, les patrons ont intérêt à les élever *dans la mesure où ils peuvent le faire sans compromettre l'entreprise*; de leur côté, les ouvriers ont intérêt à ne pas exiger un salaire qui dépasserait cette mesure; car, si le patron fait de mauvaises affaires, ils seront bientôt sans pain.

Je pourrais multiplier les exemples; partout la même conclusion s'imposerait : les intérêts des hommes peuvent être *momentanément*, et *dans certains cas assez rares*, en opposition complète; mais cette opposition n'est qu'une exception; la loi ordinaire est, au contraire, l'*accord des intérêts*.

V. Vous voyez, par tout ce qui précède, l'accord qui existe entre les prescriptions de la morale et les lois de l'économie politique. Cependant voici une contradiction apparente : nous avons tâché de prouver que la vertu se transforme en richesse; cependant la morale nous dit que la vertu n'est pas toujours récompensée sur la terre; sans doute, le travailleur et l'homme tempérant ont beaucoup plus de chances de s'enrichir que l'homme indolent; mais enfin il y a encore beaucoup de braves gens qui sont pauvres et qui ne recevront le prix de leurs vertus que dans un autre monde : donc la loi de la transformation de la vertu en richesse n'est pas toujours vraie.

Voici la réponse à cette objection : sans doute la loi n'est pas toujours vraie pour chaque homme *considéré individuellement*; mais elle est vraie pour *la société*. Toute vertu qui n'enrichit pas l'homme vertueux enrichit son prochain. Combien de philanthropes, d'inventeurs, d'hommes de bien en tout genre ont travaillé pour l'humanité et sont morts pauvres! Mais leur travail, leur charité, leur dévouement, ont diminué la misère générale, augmenté la somme de bien-être, et peut-être aussi la somme de vertus, au sein de la société où ils ont vécu.

Ainsi toute bonne action profite d'une manière ou d'une autre. De même que dans la nature aucune force ne se perd, aucun mouvement n'est anéanti, mais se transforme en un autre mouvement, de même aussi dans le monde moral aucune vertu ne reste stérile. Seulement les effets bienfaisants de la vertu se répandent à l'extérieur et se partagent, pour ainsi dire, comme les rayons de la lumière. Mais n'est-ce pas précisément l'essence de la vertu que de tendre à cette diffusion? Elle a besoin d'étendre son action salutaire sur la société, dont elle devient ainsi le principe vital; et la science économique, en constatant cette action salutaire de la vertu, rend un hommage à la morale, bien loin de la contredire.

VI. Puisque la moralité d'une nation est une condition de richesse et de prospérité, l'économie politique doit souhaiter la plus grande diffusion possible des doctrines qui encouragent la vertu. Or l'expérience de tous les temps est là pour prouver que les croyances religieuses sont le plus puissant encouragement pour les vertus privées comme pour toutes les vertus sociales. Aucune force n'a jamais produit plus d'abnégation, plus de patience, ni plus de véritable fraternité.

Terrible pour l'homme injuste et pour le mauvais riche, la religion donne au pauvre la force et la sérénité d'âme par la promesse d'une vie future où le bonheur sera la récompense, *non seulement de la vertu, mais de la souffrance.* Comment donc se fait-il que des penseurs, tout en se donnant pour tâche de porter remède à la misère et d'améliorer la société, aient déclaré une guerre acharnée à l'idée religieuse? Des socialistes, comme Proud'hon, en France, comme Bebel, en Allemagne, ont été jusqu'à nier l'existence de Dieu. Dans quel but? Que prétendaient-ils? Émanciper le travailleur? Mais est-ce donc émanciper le travailleur que de lui apprendre à méconnaître les lois de la raison? Or, n'est-ce pas une loi de la raison d'admettre que notre intelligence a pour auteur une cause intelligente? Notre pensée, comme l'Univers tout entier, proclame un Dieu créateur. Est-ce affranchir les hommes que de leur enseigner des doctrines, — absolument sans preuves, — dans lesquelles les mots de *devoir* et de *droit* n'auraient plus aucun sens? C'est pourtant cela leur système. Ils nous disent que l'homme est pure matière, que l'humanité est fatalement soumise, dans son développement, aux lois invariables de la nature matérielle; or dans la nature matérielle tout se réduit à une lutte entre des forces aveugles, lutte dans laquelle la plus grande l'emporte nécessairement sur la plus faible. Par conséquent, aux yeux des athées et des matérialistes, la société humaine n'est pas autre chose qu'un vaste champ de bataille, où chacun *lutte pour l'existence*, et où les plus forts arrivent peu à peu à éliminer les plus faibles.

Quelle place le *droit* pourrait-il trouver dans un tel système, où la *force* est tout? Étrange contradiction! On réclame les *droits de l'homme*; on se fait l'apôtre du *droit des faibles*... et on professe une doctrine qui est inconciliable avec l'idée du droit! Pour nous, soyons plus conséquents, et cherchons l'inspiration du progrès social dans la croyance en un Père commun, qui nous a imposé la peine et le travail, pour exercer notre courage, mais qui ne peut pas laisser nos efforts sans les récompenser, même en ce monde, *soit en nous, soit dans la personne de nos frères.*

DEUXIÈME CAUSERIE

Mes amis,

I. Nous avons parlé de la production de la richesse.
Reste à chercher dans quelle proportion elle doit être
répartie. C'est là presque toute la question sociale.
A cette question deux réponses différentes peuvent
être faites : 1° au point de vue de la justice, il faut
qu'à celui qui travaille *plus* et *mieux*, en un mot à
celui qui *produit plus*, il revienne une part *plus
grande* de richesse : *à chacun suivant ses œuvres;*
2° au point de vue de la charité, il serait désirable qu'à
celui dont les charges sont plus lourdes, dont les besoins sont plus grands, il revînt une part plus considérable : *à chacun suivant ses besoins.* J'ai dit que
ce second point de vue est celui de la charité, plutôt
que de la justice. En effet, si c'est un *devoir* pour le

riche de faire tout ce qu'il peut pour donner aux pauvres en proportion de leurs besoins, ce n'est pas un *droit* pour le pauvre de l'exiger.

Il en est de l'État comme des particuliers. L'État a des devoirs de justice et des devoirs de charité. Il doit d'abord rémunérer les services de chacun proportionnellement à la part d'utilité produite. Il doit, en plus, chercher, par tous les moyens légitimes, à améliorer la condition des pauvres; il doit faire pour eux tout ce qui peut être fait sans blesser la justice et sans nuire à l'intérêt général. Mais, pour que la charité ne blesse pas la justice, il faut qu'elle respecte avant tout la liberté de chacun; qu'elle ne prenne pas aux uns pour donner aux autres, *si ce n'est avec le consentement du donateur.* Cette réserve est importante : ainsi, quand on consacre une part de l'argent provenant de l'impôt au budget de l'assistance publique, l'État ne le fait qu'avec le consentement de la nation, représentée par ses députés. C'est donc *de notre plein gré* qu'il donne une part de notre argent aux pauvres. Mais, s'il prenait malgré nous une part de notre revenu ou de nos terres pour en disposer, il manquerait à la justice. En un mot, la justice d'abord; la charité après. Si nous intervertissons l'ordre, nous aboutirons à la lutte, à la guerre civile : ce sera le malheur pour tous.

II. Occupons-nous donc séparément de chercher en quoi consiste la loi de justice et ce que demande la loi de charité. La loi de justice, dans la répartition de la richesse, veut, avant tout, que chacun reçoive une part proportionnelle à l'*utilité* produite par son travail. Dix ouvriers viennent de terminer un ameublement. Voilà de la richesse créée. Ils ont à partager entre eux l'argent que l'acheteur de ces meubles va donner : évidemment, l'ouvrier qui aura contribué plus que les autres à la fabrication de ces meubles devra recevoir la part la plus considérable. Voilà donc le premier principe de la justice.

Mais il y en a un second, dont il faut, autant que possible, concilier l'application avec le précédent : c'est que la rémunération doit tenir compte de la *peine* et du *temps*. Je demande à un ouvrier un service qui ne m'est pas très utile; c'est une simple fantaisie que je veux satisfaire : par exemple, je veux changer la place de plusieurs meubles; le lendemain, je regrette ce que j'ai fait, je rappelle l'ouvrier pour remettre les meubles comme ils étaient précédemment. Ce travail de l'ouvrier ne m'a pas été *très utile*; au fond, il n'en *résulte rien*; mais il a demandé du temps, de la peine : je dois donc payer *le temps* et *la peine*, plutôt que le service.

D'autres fois, c'est l'inverse. Un très grand service coûte quelquefois peu de temps et peu de peine. Un avocat, que vous allez consulter, vous empêche de vous lancer dans un procès où vous seriez ruiné : par ce conseil, il sauve, en quelques minutes, une fortune qu'on a mis vingt ans et plus à gagner. Cependant l'avocat ne vous demande pas une rémunération égale au service qu'il vous a rendu; il ne vous prend que le prix d'une consultation ordinaire. Autre exemple : Un médecin vous sauve d'une maladie grave; il vous demande 30 francs pour ses visites. Votre vie, votre santé, valent pourtant bien plus. Mais, si le service rendu est immense, la peine que le médecin a prise ne valait que 30 francs : il ne vous fait donc payer que sa peine, et non le service.

Cependant, remarquons-le bien, quand je parle de la peine du médecin, il ne s'agit pas seulement de la peine qu'il s'est donnée pour vous soigner; il faut

2.

songer à la peine qu'il a prise pour étudier la médecine; et on sait aujourd'hui quelles études, quelles fatigues il faut pour devenir médecin. Cependant, même en tenant compte de toute sa peine passée, le médecin estime à 3 francs la visite qu'il vous fait et qui peut vous sauver la vie. S'il a beaucoup de malades, ce prix modique lui assurera l'aisance; il se trouvera rémunéré de sa *peine*; mais enfin *la rémunération n'en sera pas moins inférieure aux services rendus.* Or, c'est ce qui arrive le plus souvent pour les professions intellectuelles. Un homme instruit peut, *avec une peine assez légère*, rendre d'*immenses services*; et il est rare qu'il obtienne ou même demande une rémunération exorbitante.

Nous pouvons donc conclure que la loi de justice, dans la première répartition de la richesse, est généralement observée dans la société actuelle; et les exceptions, les dérogations à cette loi, là où elle serait trop absolue, sont plutôt au détriment du travail intellectuel et à l'avantage du travail manuel, au détriment de celui qui *peine* le moins et à l'avantage de celui qui gagne sa vie à la sueur de son front. Cherchons maintenant quelle est la loi de justice par rapport à la richesse anciennement répartie. La justice permet-elle ces accumulations de richesses qui, avec le temps, produisent d'énormes inégalités sociales? La propriété est-elle un droit? ou n'est-elle qu'*un vol*, comme le disait Proudhon?

Un ouvrier qui m'a fait en une journée du travail pour 6 francs a le droit de mettre 1 franc de côté. S'il travaille toute l'année, s'il est tempérant et économe, il met par an 300 francs à la caisse d'épargne. Le voilà capitaliste au bout d'un an. Ses économies peuvent s'accroître; il peut se trouver, dans sa vieillesse, à la tête d'une petite fortune. Elle est bien à lui, car il l'a gagnée ; il s'est privé pour la ménager : donc il peut en faire ce qu'il veut. S'il peut en faire ce qu'il veut, il peut la léguer à ses enfants. Donc ses enfants seront très légitimes propriétaires d'un capital ; et, si ce capital s'accroît de génération en génération, il ne cessera pas pour cela d'appartenir très justement aux héritiers du premier propriétaire. Ainsi, la propriété est du *salaire accumulé*, du *travail accumulé*.

On me fera peut-être ici une objection : « Que la « propriété d'une terre soit légitime si elle a été ac-« quise par le travail et l'épargne, fort bien. Mais, à « l'origine des choses, les terres ont été occupées « sans aucun droit par les plus forts, au détriment « des plus faibles : cette première occupation ne sau-« rait avoir constitué un droit ni pour les premiers « propriétaires, ni pour leurs héritiers. Donc toutes « les terres devraient retourner à la communauté, à « l'État. Il en est de même des mines et de toutes les « richesses naturelles. »

Cette objection est plus sérieuse en apparence qu'en réalité. Quand même il serait vrai qu'à l'origine la propriété individuelle eût été constituée par une usurpation violente, quelle valeur aurait cet argument? Les terres, depuis vingt siècles, ont changé bien des fois de propriétaires. Leurs possesseurs actuels les ont achetées ou ont hérité de ceux qui les ont achetées. Ils ont payé cet achat avec l'argent gagné par leur travail. Donc les propriétaires actuels ne possèdent à l'heure présente que le fruit de leur travail ou du travail de leurs ancêtres. Personne, par conséquent, pas même l'État, n'a le droit de venir leur enlever ce fruit légitime de leur travail ou de leur industrie.

Il y a, d'ailleurs, une seconde considération qui nous fait voir avec évidence combien une telle injustice serait criante : il est clair que, pendant la suite des siècles, ces terres ont dû être améliorées par la culture; elles ont actuellement beaucoup plus de valeur qu'elles n'en pouvaient avoir il y a trois mille ans. Cette plus-value, qui constitue la grosse part de la richesse pour le propriétaire, est donc bien une création de son travail ou du travail de ses ancêtres. Si la société reprenait toutes les terres, sous prétexte qu'elles ont été prises autrefois par la force, elle reprendrait beaucoup plus que la valeur usurpée par les premiers occupants : ce serait confisquer trente siècles de travail.

Mais, d'ailleurs, c'est une supposition tout à fait gratuite que d'admettre cette usurpation violente à l'origine de la propriété. L'histoire nous apprend que, chez beaucoup de nations, spécialement chez les Germains et chez les Gaulois, la propriété a été *collective* avant de devenir *individuelle*. Les terres, les troupeaux, appartenaient à la tribu; on les exploitait en commun; on en partageait les produits. Ce partage était proportionnel au travail et aux services rendus. A ceux qui cultivaient le mieux la terre on donnait une plus grande part de la récolte. A ceux qui soignaient le mieux les troupeaux on attribuait une part plus grande dans les produits des troupeaux. Selon toute probabilité, ceux qui recevaient la plus grande part dans cette distribution, ne pouvant tout consommer, songèrent à échanger leur superflu contre la propriété du sol. La communauté y consentit, et leur concéda des terres en propre. Ces terres ont donc bien été achetées avec leur salaire. Dans certains pays, la concession ne durait qu'un an; on tirait au sort les terres tous les ans. Mais on s'aperçut bientôt des avantages que présentait la concession à *titre perpétuel* de la propriété territoriale : car chacun travaillait mieux et avec plus de zèle sur son propre fonds que sur le fonds commun ou sur un fonds concédé pour un temps limité. La terre, mieux cultivée à mesure qu'elle était divisée en propriétés individuelles, rapportait davantage, et tout le monde profitait de cette augmentation de richesse. C'est ainsi que *les terres ont fini par être presque partout concédées, ou plutôt vendues par la communauté à des particuliers.* Il reste sans doute des terrains qui appartiennent encore à l'État et aux communes; mais ces biens *communaux* sont des *pâturages,* ou des *forêts;* ces terres, *n'ayant pas besoin de culture, pouvaient sans inconvénient rester collectives; et le jour où l'on croirait qu'elles seraient avantageuses à cultiver, la commune se hâterait de les vendre à des particuliers.* Par conséquent, puisque *les propriétés privées ont leur origine dans des concessions ou des ventes faites par la communauté aux individus en échange de leurs services,* rien n'est plus évident que le *droit du propriétaire.* Ce droit est aussi indiscutable que le droit de recevoir une rémunération pour les services rendus; ou, plus exactement, la *propriété n'est pas autre chose qu'une rémunération passée qui n'a pas été consommée :* c'est bien, suivant la formule que nous avons donnée précédemment, *du salaire accumulé.*

III. A côté du capital qui consiste en terres, il y a le capital en argent. Comme la propriété de la terre, celle de l'argent est la rémunération du travail passé : *le capital est donc légitime;* de plus, il tourne à l'avantage général. Ce *capital, ce salaire accumulé,* dont nous venons de définir la nature et l'origine, ne va pas rester improductif; il va servir à produire du travail nouveau : comment cela? En fournissant au travailleur : 1° des matériaux à travailler; 2° des instruments pour travailler; 3° une rémunération de son travail, qui sera souvent faite sous forme d'*avance*.

En un mot, *le capital coopère avec le travail à la production de la richesse.* — Vous voyez, à quelques centaines de mètres d'ici, ce quartier nouveau : depuis dix ans, le nombre des habitations a augmenté notablement dans la ville; le prix des loyers a baissé par suite de cette multiplication des maisons. Ces maisons sont donc une richesse nouvelle. Avec quoi ont-elles été produites? Quel a été, dans leur production, le rôle du capital et du travail?

Les constructions ont d'abord été modestes. M. L..., l'entrepreneur que vous connaissez et que vous aimez tous, en a bâti quatre seulement pour commencer. Il a acheté un terrain; avec quoi l'a-t-il acheté? Avec les profits de son travail. Il s'est ensuite procuré des briques et tous les matériaux nécessaires à la construction. Ce terrain, ces matériaux, étaient *son capital*; avec ces matériaux, des ouvriers ont fait quatre maisons. Quelle est donc au juste la part du *capital* et celle du *travail* dans la production de cette richesse nouvelle? La voici : le *capital* a fourni l'*emplacement* et la *matière* de ces maisons; le *travail* en a produit la *forme*. L'un et l'autre ont donc concouru à produire la valeur de 40 000 francs que représentent à peu près ces quatre maisons. Reste à chercher comment cette valeur a dû être répartie. Combien M. L... a-t-il donné sur les 40 000 francs à ses ouvriers? Quel a été, quel doit être en pareil cas le principe de la répartition?

Nous avons dit qu'elle doit être *en proportion de la part que chacun a eue dans la production.* Mais comment fixer exactement cette proportion? Il est clair que cela ne peut se faire que par consentement mutuel. C'est la loi de l'offre et de la demande. Ce consentement mutuel doit être *éclairé* et *libre*. Pour qu'il soit éclairé, il faut que, de part et d'autre, on se représente *à peu près* la valeur des matériaux fournis par le *capital* et la valeur de la plus-value fournie par le *travail*. Naturellement M. L... n'a pas attendu que les maisons fussent terminées et vendues pour payer ses ouvriers. Mais il calculait que chacune se vendrait à *peu près* 10 000 francs. Le terrain, les matériaux, lui en avaient coûté environ 9 000. Donc il avait fourni avec son capital les neuf dixièmes de la valeur de la maison. Le travail devait en fournir un dixième. Donc au travail il devait revenir 1 000 francs. Seulement, le travail, ce n'est pas uniquement celui des ouvriers; c'est encore celui de l'entrepreneur qui les dirige : ainsi, ces 1 000 francs représentaient à la fois les salaires des maçons et le profit de M. L... Il calcula qu'en offrant 4 francs par jour à ses ouvriers, il lui resterait un profit raisonnable; ceux-ci voulaient d'abord 5 francs : c'était annuler absolument le profit de l'entrepreneur. On s'entendit à 4 fr. 25 centimes, et tout le monde y trouva son compte.

L'exemple que j'ai pris est très simple : on peut calculer à peu près exactement par avance la part de richesse produite par le capital et la part produite par le travail. Mais il y a des cas où cela est difficile. Alors, pour faire des conventions préalables, on discute, on se met d'accord sur le prix des salaires, en adoptant le taux où, de part et d'autre, on croit avoir intérêt à conclure. Tantôt c'est le patron qui a intérêt à céder; tantôt ce sont les ouvriers : cela dépend des circonstances. Si le patron a de nombreuses commandes, il aura intérêt à hausser les salaires pour attirer les ouvriers; au contraire, si les commandes diminuent, il sera dans l'alternative de baisser les salaires ou de travailler à perte; et alors les ouvriers examineront s'ils n'ont pas intérêt à accepter une diminution, — et dans quelle mesure ils peuvent l'accepter, — plutôt que d'être réduits à chômer. Toutes les fois que le capitaliste conclut à prix fixe avec les ouvriers, il garde pour lui toutes les *chances de gain* et toutes les *chances de perte*. D'autres fois, c'est le contraire : le travailleur accepte les risques de perte pour avoir les chances de gain : *c'est le cas du fermage*. J'ai un champ : la récolte moyenne me donnerait 1 000 francs de revenu net, frais déduits, si je cultivais moi-même. Je l'afferme; mon fermier me donnera 400 francs. — Les années moyennes, son travail lui rapporte 600 francs; — c'est plus, les bonnes années; ce n'est presque rien, les mauvaises. Mais, s'il accepte cette convention, c'est qu'il a calculé que, bon an, mal an, il ferait en moyenne de bonnes affaires. Sinon, il ne m'aurait offert que 300 francs ou même 250; et, si personne ne m'avait offert davantage, j'aurais été forcé d'en passer par ses propositions ou de laisser ma terre sans produire un sou de revenu.

IV. Ici, c'est le cas d'examiner une objection; elle n'est pas bonne; cependant elle a été faite par des penseurs assez célèbres. « Quoi! » dit-on; « voilà ma « terre que j'afferme; je me croise les bras, et au bout « d'un an j'en retire 400 francs! Ma terre me donne « des rentes pour ne rien faire! » Pour répondre à cette objection, nous n'avons qu'à nous rappeler les principes posés plus haut : *il y a deux facteurs qui coopèrent à la production de la richesse : ce sont le capital et le travail. Donc la richesse produite doit se partager entre ces deux facteurs.* Or, ici, le capital, c'est ma terre; elle a contribué évidemment à la récolte : donc j'ai droit sur une part de la récolte.

Puisqu'un capital *en terres* rapporte très justement un revenu, il doit en être de même pour un capital *en argent*. Si je vous prête 10 000 francs, je vous permets d'acheter avec cette somme ou une terre, ou des marchandises, que vous revendez avec bénéfice; ces 10 000 francs *vous rapporteront;* pendant ce temps-là, *ils ne me rapporteront pas, à moi :* il est donc juste que vous me donniez une indemnité pour ce profit que vous faites avec mon argent. Cette indemnité, c'est l'intérêt. Donc, en principe, l'intérêt est juste. Mais, pour qu'il soit juste, il faut qu'il représente seulement le *profit que j'aurais pu faire avec l'argent dont je me suis privé pour vous le prêter,* et la *compensation des risques* que court mon capital. Cette considération des risques est importante : c'est parce que l'argent prêté dans le commerce court certains risques que la loi ne limite pas à 5 pour 100 le taux des *prêts commerciaux.* Partout ailleurs, elle défend de dépasser ce taux. Ajoutons que, si la loi et la morale limitent le taux de l'intérêt, la force des choses tend à le faire baisser. A mesure que la richesse publique augmente, l'intérêt baisse : du moins, depuis trente ans, c'est ainsi que les choses se sont passées. Il y a trente ans, l'argent rapportait 4 1/2 ou 5 pour 100, même quand les placements étaient sûrs. Aujourd'hui, les capitalistes qui achètent de la rente sur l'État payent 100 francs pour avoir 3 francs de rente; ils payent 460 francs pour avoir des *obligations* des bons chemins de fer rapportant 15 francs. Ainsi, on se contente d'un intérêt de 3 pour 100 environ. La Banque de France et le Crédit Foncier prêtent sur gage à 3 1/2 pour 100. On voit que *le taux de l'intérêt tend à baisser;* cette baisse dure depuis trop longtemps pour être accidentelle; cela semble l'effet d'une loi économique. Or, cette baisse du taux de l'intérêt n'est-elle pas à *l'avantage des pauvres et au détriment du capitaliste?*

En même temps que le taux de l'intérêt a baissé, *les salaires ont augmenté.* En France, depuis 1850, on peut estimer à *70 pour 100* dans l'industrie, et à *65 pour 100* dans l'agriculture, la hausse des salaires[1]. Il est vrai que le prix de plusieurs objets de consommation a augmenté. Mais cette augmentation a été beaucoup moins considérable que l'augmentation des salaires : si bien que, tout compte fait, l'amélioration du sort de l'ouvrier s'est accrue, depuis quarante ans, dans une proportion d'au moins 40 pour 100[2].

Ces deux faits considérables, *la baisse de l'intérêt* et la *hausse des salaires,* semblent prouver que peu à peu *la part du capital, dans la répartition, tend à diminuer, et que la part du travail tend à augmenter.* Sans doute, le nivellement ne se fera jamais; il n'est pas même à souhaiter : il serait un mal pour tous. Il ne pourrait d'ailleurs pas durer; car l'inégalité se referait bien vite au profit des plus travailleurs et des plus intelligents. Mais enfin la disproportion entre les riches et les pauvres tend peu à peu à diminuer. Pour produire ce résultat, il n'y a pas eu besoin de recourir à des lois injustes; il n'y a pas eu besoin de restreindre le développement de la richesse par des mesures vexatoires. Tout s'est fait par la force des choses, *sous le régime de la liberté,* et par suite des conventions mutuelles réglant les rapports du *capital* et du *travail.*

---

1. BEAUREGARD, *Éléments d'Économie politique,* p. 151.
2.   —   *ibid.*

TROISIÈME CAUSERIE

(*Suite.*)

I. Application des principes précédents à la grande industrie.
Le salaire n'est pas autre chose que la participation aux bénéfices, suivant une convention à forfait, librement consentie.

II. Des grèves. Leur légalité. Leurs abus. Comment la loi, en
autorisant les grèves, a rétabli l'équilibre entre le pauvre et le
riche, entre l'*offre* et la *demande*.

III. Utilité des grandes fortunes. Comment elles sont utiles à la
prospérité publique. Elles seules rendent possibles les grandes
entreprises industrielles.

Mes amis,

I. Permettez-moi de revenir encore aujourd'hui
sur les rapports du capital et du travail. Nous avons
cherché comment ces rapports doivent être réglés
d'après les lois de la justice; et nous avons constaté
que, sous le régime actuel, ces règles de la justice
sont, en général, assez bien observées. Mais, parmi les
exemples que nous avons pris, plusieurs sont em-
pruntés ou à la petite industrie ou à l'agriculture.
La répartition se fait-elle avec la même justice dans
la grande industrie? Si je pose cette question, c'est
que les socialistes, les collectivistes, en un mot tous
les réformateurs qui veulent procéder par bouleverse-
ment, se sont précisément attaqués à la grande industrie. Ce n'est pas de l'ouvrier des champs, ce n'est
pas du maçon ou du menuisier qu'ils parlent, quand
ils prétendent que le travailleur est indignement ex-
ploité par le capitaliste; ils parlent surtout des ouvriers employés dans les grandes usines ou dans les
mines : c'est à ceux-là qu'ils adressent leurs appels à

la révolte et qu'ils promettent le bien-être pour le jour où le capitaliste sera dépouillé de sa propriété. Eh bien! nous qui ne sommes pas disposés à nous laisser entraîner par des grands mots, et qui aimons bien à voir le fond des choses, cherchons ce que nous devons penser de la grande industrie. Vous êtes à même d'en juger, puisque vous en êtes.

Il y a tout d'abord une chose évidente : c'est que, dans toute industrie, aussi bien dans la grande que dans la petite, le capital coopère avec le travail à la production de la richesse. Par conséquent, le capitaliste, c'est-à-dire le patron qui fournit son usine, son outillage, a droit à une certaine rémunération pour les services que rend son capital; les ouvriers qui fabriquent les produits ont droit aussi au prix de leur travail. D'après les socialistes, le capital se réserve une part beaucoup plus forte que la justice ne le permet, et il ne distribue aux ouvriers qu'une part très inférieure à la valeur de leur travail. Est-ce vrai?

D'abord, on accordera que, dans un grand nombre de cas, le contraire se produit. Beaucoup de grands industriels se retirent des affaires sans avoir fait fortune; plusieurs se ruinent; ces fabricants, cependant, n'ont pas cessé de payer leurs ouvriers. Voilà donc un cas, *et un cas dont on ne saurait dire qu'il soit absolument exceptionnel,* où tout le produit a été donné au travail et où le capital n'a rien gagné. Toutefois je fais abstraction de ce premier cas : si j'en ai parlé, c'est pour vous montrer *que le capital court souvent des risques de perte, et que, par conséquent, il est juste qu'il ait aussi des chances de gain.* Maintenant nous allons raisonner sur le cas où le capitaliste, le patron, fait de bonnes affaires : cherchons ce qui doit lui revenir, en toute justice, sur le produit net.

D'abord, avons-nous dit, puisque son capital produit, il a droit à prélever sur les bénéfices nets l'intérêt de ce capital. Ce capital, c'est l'usine et l'outillage. Si l'usine et l'outillage ont une valeur de 400 000 fr., il a droit, sur le produit net, à un intérêt. Je suppose cet intérêt de 4 pour 100. Nous avons vu que l'intérêt des valeurs de tout repos n'est guère que de 3 à 3 1/2 pour 100. Mais, quand un capital s'emploie à l'industrie, il court des risques : il a donc droit à prélever un intérêt un peu plus fort. Quand, au lieu de 4 pour 100, il prélèverait 5, il serait dans son droit. Mais je n'ai supposé que 4 pour 100. Pour un capital de 400 000 francs, c'est 16 000 francs qui lui sont dus. Maintenant, outre son capital, il fournit son travail personnel. Si, au lieu de diriger lui-même son usine, il en confiait la direction à un ingénieur, il ne pourrait pas lui donner moins de 10 ou 12 000 francs : ce salaire lui revient donc *comme prix légitime de son travail*. Voilà 28 000 francs qui lui sont *dus et bien dus*. Quant au reste du produit net, il revient aux ouvriers. Si ce reste est, par exemple, de 300 000 francs, et si les ouvriers sont trois cents, c'est 1 000 francs par an pour chacun, ou 3 fr. 35 par jour. Si le reste est de 450 000 francs, c'est 1 500 francs par an ou 5 fr. par jour pour chaque ouvrier.

Ainsi, le salaire absorbe la plus grande part du produit : c'est, dans le cas que je suppose, 450 000 fr. qui reviennent au travail, et 28 000 seulement qui reviennent au patron (en comprenant à la fois le *salaire de sa peine* et *l'intérêt de son capital*). Eh bien ! mes amis, ces chiffres, je ne les ai pas pris arbitrairement. J'ai souvent causé avec des industriels actifs, intelligents, et dont la parole ne peut laisser aucun doute ; or, beaucoup d'entre eux m'ont dit que, tout compensé, dans les années moyennes, ils ne retiraient de l'entreprise que l'*intérêt de leur capital et la rémunération de leur peine.* Ceux qui font de grosses fortunes en peu de temps sont assez rares. C'est uniquement à ceux-là, — par conséquent à l'exception, — que pourrait s'adresser le reproche de grossir la part du capital et de réduire celle du travail. Mais nous allons voir qu'il y a bien des choses à répondre, et que les travailleurs sont souvent les premiers à profiter des gros bénéfices réalisés par les patrons. Ils en peuvent profiter de deux manières : 1° tantôt c'est par la participation aux bénéfices; 2° tantôt c'est par l'élévation progressive des salaires.

Vous savez tous ce que c'est que le régime de la participation : quelques patrons l'ont instituée d'un accord commun avec leurs ouvriers. Moyennant une légère diminution de salaire, ceux-ci reçoivent, à la fin de l'année, une certaine part dans les bénéfices. Je commencerai par vous dire que ce régime n'est pas toujours possible. Pour l'établir, il faut que le patron soit sûr de faire généralement des bénéfices sérieux. S'il lui arrive d'être en perte, il ne pourra pas faire subir à ses ouvriers une nouvelle diminution de salaire, pour compenser cette perte. Il se verra forcé de renoncer à un régime si onéreux pour lui; et alors il soulèvera des mécontentements. La participation est donc subordonnée à la prospérité des affaires; les ouvriers ne sauraient l'exiger comme un droit, puisqu'il y a des cas où elle est impossible. Mais, ces réserves faites, nous devons reconnaître que c'est un régime excellent quand il s'agit d'entreprises qui réalisent habituellement de gros bénéfices. Or, ce sont précisément de ces entreprises-là que les socialistes parlent quand ils accusent le *capital* d'être l'ennemi de l'ouvrier. Eh bien! avec la participation aux bénéfices, ce reproche n'a même plus la moindre apparence de fondement : car, plus le profit de l'entrepreneur sera grand, plus le profit de l'ouvrier augmentera. L'ouvrier est à la fois *salarié* et *associé*; cette seconde qualité établit entre lui et le patron une plus grande union (*pourvu que cette union ne soit pas troublée par des récriminations ou des défiances mal fondées*); et tout le monde profite de ce qui augmente l'union des bonnes volontés entre elles. Que l'on vienne dire à un ouvrier qui participe aux bénéfices : « *Le capital, c'est l'ennemi!* », il répondra : « Le capital, c'est ce qui me fait vivre, et sur quoi je « prélève ma part de profit. » Aussi ne faut-il pas s'étonner si pendant la Commune de 1871 « des ou- « vriers participants ont défendu les maisons de leurs « patrons comme leurs biens propres[1] ».

Les patrons se sont souvent rendu compte de l'avantage qu'ils trouvaient à cette *participation* : le nombre des maisons qui admettent ce système a doublé en France, ou à peu près, de 1883 à 1890[2]. Il était, à cette dernière date, de 91 en France, de 64 en Angleterre, sans parler des États-Unis et de la Suisse. Ce chiffre est encore relativement assez faible, c'est vrai; mais il faut observer que la *participation* n'offre aux ouvriers de sérieux avantages que *dans les cas assez rares où les bénéfices sont grands et suivent une marche progressive continue*. Dans les autres cas, ils préfèrent un salaire fixe un peu plus fort; ce salaire, après tout, c'est une somme déterminée d'avance' *et à forfait*, d'après les bénéfices probables : c'est donc bien *une forme de la participation*; elle est moins exacte, mais souvent *plus*

1. BEAUREGARD, *ibid.*, p. 117.
2.   —   *ibid.*, p. 116.

sûre. Que la *participation* soit *adoptée,* ou que le régime ordinaire des salaires fixes continue à prévaloir, *dans les deux cas, l'ouvrier a intérêt à ce que le patron fasse de gros bénéfices;* car, même s'il n'y participe pas directement, il a le droit d'exiger que la hausse des salaires suive la même marche que l'augmentation des profits; et, lorsqu'il a le *droit* de l'exiger, — mais alors seulement, — il a le *pouvoir* de l'obtenir. Ce pouvoir lui a été conféré par la loi le jour où elle a autorisé les grèves, et surtout le jour où elle a permis la constitution des Syndicats ouvriers (*Loi de* 1884).

II. J'aborde là un terrible sujet. Le seul mot de *grève* réveille parfois, chez les uns, toutes les passions haineuses de l'esprit de révolte, chez les autres, les craintes de la guerre civile et de l'anarchie. Mais nous n'avons à nous occuper ici que du point de vue moral et du point de vue économique. C'est un problème que nous avons à résoudre. Dans quel cas et à quelles conditions la grève est-elle *juste?* Dans quel cas et à quelles conditions est-elle *utile?*

La grève est juste quand *les exigences des ouvriers sont motivées par la prospérité de l'entreprise, et quand ils ne recourent pas à des moyens violents.* La violence est toujours condamnable; mais elle est particulièrement odieuse quand on l'emploie pour empêcher les camarades de continuer le travail. Si la loi reconnaît le droit de se mettre en grève, on a également et à plus forte raison le droit de ne pas s'y mettre. On dit que continuer à travailler c'est trahir la cause commune. Quelle odieuse absurdité! Quelle calomnie lâche et bête! Injurier les gens pour les contraindre à laisser mou-

rir de faim leurs femmes et leurs enfants! En vain
dira-t-on que les travailleurs encouragent les patrons
à résister. Quand les patrons résistent, c'est qu'ils ne
peuvent pas céder sans renoncer à leurs droits, et
qu'ils ont plus d'intérêt à fermer leur usine qu'à travailler aux conditions qu'on leur impose : quand même
tout le monde ferait grève, cela ne changerait pas
leur décision.

Si, au contraire, les patrons cèdent, c'est qu'ils ont
plus d'intérêt à augmenter les salaires qu'à cesser la
fabrication ; c'est qu'ils peuvent supporter cette augmentation de salaires sans se ruiner, et même tout en
se réservant encore la part légitime de bénéfice qui
leur est due pour leur capital, pour leurs risques et
pour leur peine. Par conséquent, *dans ce cas-là, mais
dans ce cas-là seulement, les réclamations des ouvriers sont fondées.* Concluons donc qu'en général
*les grèves aboutissent à un résultat utile pour les
ouvriers quand ceux-ci ont raison; elles n'aboutissent jamais à rien de bon quand les réclamations
sont mal fondées.*

En face de ces résultats des grèves, les ouvriers
doivent mûrement réfléchir avant de recourir à ce
moyen violent : il faut qu'ils soient bien sûrs d'avoir
raison. Ils ne doivent pas se servir, pour troubler la
société, d'une arme que la société leur a donnée pour
défendre leurs droits, et qui, *bien employée*, est d'une
grande utilité pour les déshérités de la fortune. Avec
cette arme, ils n'ont plus à craindre d'être exploités
par les riches. Comment un capitaliste pourrait-il
aujourd'hui profiter de la misère des pauvres gens
pour leur proposer du travail à prix réduit? S'il le fai-
sait, tous ses ouvriers s'uniraient pour le forcer à
donner un salaire plus élevé. Les abus que le socialisme reproche à l'état de choses actuel n'existent

donc pas; du moins ils sont rares et tendent à disparaître.

III. Cette augmentation des salaires n'est pas indéfinie. Elle a pour limite la quantité de la production. Il faut que la production soit suffisante pour que le capital ait une part légitime tout en augmentant la part qui revient au travail. Ainsi, la hausse des salaires n'est possible que si le patron fait de bonnes affaires : *les ouvriers ont donc intérêt à ce que les riches entrepreneurs fassent des bénéfices sérieux.* Ces bénéfices, sans doute, seront moindres qu'autrefois; les entrepreneurs économes ne parviendront pas si vite à la fortune; mais ils y parviendront avec le temps. Aussi il y aura toujours de grandes fortunes; *et il est bon, il est nécessaire qu'il y en ait.* Sans les grandes fortunes, comment se feraient ces grandes entreprises industrielles et commerciales, dont tout le monde finit par profiter, mais qui commencent par coûter d'immenses capitaux, — capitaux qui, pendant plusieurs années, ne rapportent rien?

Je prends les chemins de fer comme exemple. Nos grandes lignes ont coûté des milliards. Elles rapportent aujourd'hui, et beaucoup; mais d'autres compagnies ont échoué; leurs actionnaires sont ruinés. Les grandes lignes pouvaient aussi aboutir à des ruines; au moins on pouvait le craindre, tant que la période de construction n'était pas terminée : les compagnies risquaient donc des milliards. *Si elles n'avaient pas risqué des milliards, nous n'aurions pas de chemins de fer.* La prospérité publique est *le résultat de ces grands risques.* Or, pour qu'une compagnie risque des milliards, il faut que ses actionnaires soient *riches;* il faut qu'ils puissent supporter chacun une part de perte sans trop en souffrir. Si, au contraire, une compagnie, au lieu de se former par une réunion de *gros capitalistes*, se formait en associant les économies *d'un très grand nombre de petits capitalistes*, un insuccès serait un immense malheur : le peu que chacun perdrait serait une grande partie de son petit avoir, et le nombre des victimes frappées serait très considérable. Aussi un ouvrier, un employé de bureau, un domestique, ne doit jamais placer son premier billet de 500 francs *dans une entreprise qui commence*; il faut le placer dans *une entreprise déjà ancienne, et dont le passé garantit l'avenir.* Ceux qui ont mis 500 francs dans le Panama le regrettent; ceux qui ont acheté une *obligation* du Nord ou de l'Orléans s'en félicitent. Alors, si les petites fortunes ne doivent jamais se risquer dans les entreprises *qui débutent,* à qui de commencer? Car il faut bien que quelqu'un commence. C'est l'affaire des *grandes fortunes. Donc il en faut.*

Dira-t-on que c'est à l'État de se charger de toutes les grandes entreprises? Ce serait singulièrement obérer le budget de l'État. Il a assez à faire sans se substituer partout à l'initiative privée. Laissons donc les grandes fortunes remplir leur rôle dans la société, en favorisant l'esprit d'entreprise, *à leurs risques et périls.* Mais aussi ne leur disputons pas les profits qu'elles y trouvent. N'imitons pas ceux qui voudraient que l'État confisquât les chemins de fer, les mines. *Ce serait un vol :* ce serait violer les conventions les plus formelles, et, en un mot, restons bien persuadés que « *ce n'est pas en appauvrissant les* « *riches qu'on enrichira les pauvres* », mais que c'est en collaborant au développement de la richesse générale par l'union du capital et du travail. Pour y parvenir, la condition préalable, la condition indispensable, c'est le respect des *droits* et de la *liberté* de chacun : c'est là une loi nécessaire, une loi immuable, parce que c'est la loi de justice, fondée sur la nature même des choses.

En disant que le respect de la justice est la première condition, la *condition fondamentale* de la prospérité publique, je ne prétends pas cependant qu'elle soit la seule. C'est par là qu'il faut commencer; mais il ne faut pas s'arrêter là. Après avoir vu ce que la *loi de justice* nous ordonne de respecter, il nous reste à chercher ce que la *loi de charité* nous ordonne de faire.

Mais il y a deux manières de comprendre et d'appliquer la loi de charité. L'une consiste à vouloir faire le plus grand bien possible aux pauvres *sans tenir compte des droits que la justice prescrit de respecter :* cette conception peu éclairée de la charité ne respecte ni la propriété ni la liberté individuelle. On l'appelle *socialisme* ou *collectivisme.* Nous commencerons par examiner les principes et les conséquences de cette doctrine. Si elle ne nous paraît pas satisfaisante, si, au lieu d'un progrès en avant, elle nous fait l'effet d'un progrès en arrière, alors nous chercherons s'il n'y a pas une seconde manière de concevoir la *loi de charité* en la conciliant avec la *loi de justice.* Nous examinerons quels progrès, sous l'inspiration de ces deux vertus, peuvent être réalisés à l'avenir, ou même ont déjà reçu un commencement de réalisation, soit dans les faits, soit dans la législation.

QUATRIÈME CAUSERIE

FAUSSE APPLICATION DE **LA LOI DE CHARITÉ**.
DES DOCTRINES SOCIALISTES.

I. Définition du socialisme ; son but ; ses moyens ; ses variétés ; caractère commun de tous les systèmes socialistes : *l'État seul propriétaire, seul fabricant, seul marchand.*

II. Conséquences par rapport à la liberté personnelle. Tyrannie de l'État. Négation des devoirs de famille et des droits correspondants.

III. Conséquences par rapport à la production. Diminution de la richesse générale et appauvrissement de la communauté. Un tel système serait le retour à un état primitif que les progrès de la civilisation ont peu à peu modifié.

IV. Tableau exact de ce que serait un État collectiviste. (Analyse de la brochure de M. E. RICHTER sur le *Socialisme.*)

Mes amis,

I. Nous avons dit, l'autre jour, que le socialisme n'est qu'une fausse interprétation de la loi de charité. Sans doute, son but est très louable : il cherche le moyen de supprimer la misère par une nouvelle organisation sociale. Seulement, les moyens que les socialistes proposent pour atteindre ce but sont à la fois *injustes* et *absolument inefficaces.* Ils n'aboutiraient qu'à *l'égalité dans la misère universelle.*

Disons d'abord qu'il y a plusieurs formes de socialisme. Le *communisme* pur et simple abolit toute propriété. Le *collectivisme* se contenterait de mettre en commun les capitaux, comme la terre, l'argent, les chemins de fer, les mines ; on laisserait à chacun la propriété des produits que l'État lui donnerait en échange de son travail. L'État serait *le seul propriétaire foncier, le seul fabricant, le seul marchand,* ou du moins *le seul marchand en gros.* Dans ce système, l'individu n'est plus propriétaire que de ses aliments, de ses vêtements, de ses meubles ; encore il n'en devient propriétaire qu'en les achetant, par son travail, à l'État qui les a fabriqués et emmaga.sinés.

Tous les socialistes ne demandent pas que l'on passe *subitement* du régime de la propriété individuelle au système de l'*État seul propriétaire et seul fabricant*. Ainsi, en 1848, Louis Blanc admettait que l'industrie privée eût le droit de vivre à côté des grands *ateliers nationaux*, dont il réclamait l'organisation ; mais il pensait qu'elle serait bientôt incapable de supporter la concurrence de l'industrie de l'État[1], et qu'ainsi « l'État deviendrait seul producteur, ayant tous les « citoyens sous ses ordres[2] ». Quelques années avant Louis Blanc, les saint-simoniens avaient proposé de supprimer l'*héritage*, afin de faire tomber peu à peu toutes les propriétés aux mains de l'État, sans avoir à exproprier les possesseurs vivants. Mais, chez les plus anciens comme chez les plus récents apôtres du socialisme, le but avoué est le même : ils veulent arriver, les uns plus tôt, les autres plus tard, à l'*État maître absolu des capitaux, seul directeur du travail, et seul rémunérateur des services individuels*.

II. Supposons qu'un tel régime vienne à prévaloir. En seriez-vous plus libres ? En seriez-vous plus riches ?

Plus libres ? Examinons d'abord ce premier point. L'Etat, dans ce système, vous doit du travail et vous en donne. Mais vous donne-t-il *le travail qui vous convient ?* L'État est le seul entrepreneur : il doit faire un compte exact, pour savoir combien il faut à

1. BEAUREGARD, *ibid.*, p. 171.
2. — *ibid.*, p. 174.

la nation de laboureurs, de maraîchers, de boulangers, de bouchers, de tisserands, de forgerons, etc...
Que faire, s'il lui faut, à un moment donné, trente forgerons, vingt égoutiers, vingt maçons, trente laboureurs, et que, sur cent ouvriers demandant du travail, il y en ait trente qui veulent être maçons, et soixante-dix qui ne savent travailler qu'aux champs? Sur les trente maçons, il faudra bien qu'il y en ait dix qui acceptent d'être forgerons ou égoutiers; sur les soixante-dix laboureurs, quarante seront également désignés pour un travail qui leur déplaît. Ainsi, pas ou peu de liberté pour le choix d'un état. Sera-t-on libre, au moins, dans le choix de son logement? Non pas; l'État est seul propriétaire; il vous loge, il est vrai, gratuitement; mais alors il a le droit d'assigner à chacun son logement.

Cependant, s'il n'y avait pas de plus grave atteinte à la liberté, on pourrait encore prendre son parti d'un état désagréable et d'un logement imposé par autorité. Mais, ce qui est plus grave, c'est qu'avec le régime collectiviste, le citoyen n'a plus aucune liberté politique, aucune liberté religieuse, aucun droit sur l'éducation de ses enfants.

La liberté politique suppose le droit et le pouvoir d'exprimer son opinion, même publiquement; elle suppose le droit de choisir, en connaissance de cause, les représentants de la nation. Mais, si l'État est *seul entrepreneur*, il est *seul imprimeur* : on n'imprimera donc absolument que les journaux du Gouvernement, les brochures et les livres favorables au Gouvernement; personne n'a le moyen de discuter; aucun citoyen n'a le pouvoir de répondre aux attaques personnelles dirigées contre lui ou contre ses amis par la presse officielle. A défaut de liberté de la presse, auriez-vous au moins la liberté électorale?

Peut-être... mais seulement à la condition que le Gouvernement aurait la générosité chevaleresque de prêter ses presses à ses adversaires. Pourriez-vous tenir des réunions électorales? Le Gouvernement n'aurait qu'à dire : « L'État est propriétaire de tous les « immeubles : il a donc le droit de fermer la salle de « réunion. » En ces conditions, chacun voterait à l'aveugle, ou plutôt, beaucoup s'abstiendraient de voter, si toutefois les pouvoirs publics permettaient l'abstention.

Que deviendrait, à son tour, la liberté religieuse? L'État est seul propriétaire de tous les immeubles : donc les églises, les temples, sont à lui; il peut à son gré les ouvrir ou les fermer à qui il veut. Je ne peux aller à la messe, je ne peux envoyer mes enfants au catéchisme que *s'il plaît au Gouvernement* de me permettre l'entrée de l'église. On dira peut-être que le Gouvernement n'usera pas de son droit de propriétaire pour empêcher l'exercice public du culte. Eh bien! je crois le contraire. Le Gouvernement, établi dans les conditions que nous supposons, dirait à ceux qui réclameraient : « Je reconnais la liberté de con- « science; je reconnais la liberté de tous les cultes; « mais à la condition qu'ils n'attaquent pas l'État. « Or, la religion enseigne que la propriété est un « droit; l'État, au contraire, professe qu'elle n'est pas « un droit : donc la religion est l'ennemie de l'État, « et l'État ne saurait pousser la naïveté jusqu'à prê- « ter ses immeubles à ses ennemis, pour y prêcher « contre ses principes. » Avec ce raisonnement-là, le Gouvernement socialiste pourrait prétendre à la confiscation absolue de la liberté religieuse. Son droit de propriétaire unique lui met dans la main, non seulement la presse, les élections, mais encore les cultes. C'est le despotisme le plus complet.

III. Du moins, à défaut de nos libertés confisquées, aurons-nous le pain et le vêtement assurés? Oui... aussi longtemps que le travail national en produira une quantité suffisante. Mais combien de temps cela durera-t-il? Sous le régime de la propriété personnelle, tout le monde travaille; beaucoup travaillent même avec une ardeur exemplaire, *dans l'espoir de gagner plus et d'économiser une partie de leur gain pour leurs enfants.* Cette pensée est un des plus grands stimulants du travail. Mais, sous le régime du *collectivisme,* les meilleurs ouvriers se diront : « A quoi « bon travailler double? A quoi bon gagner double? « Nous ne consommerons pas tout ce que nous ga- « gnerons; et nous n'avons plus le droit de convertir « notre surplus en terres ou en argent pour le laisser « à nos enfants. » Cette pensée n'est-elle pas décou- rageante? Aussi *on travaillera moins qu'aupara- vant. La production baissera donc.* Quant aux moins laborieux, ce sera bien pis encore. Puisque l'État les nourrit, pourquoi travailler? L'État ren- verra-t-il de ses ateliers ceux qui travailleront mal? Cessera-t-il de les nourrir? Mais ce serait bien dur de laisser mourir de faim les gens pour les punir du crime de paresse. On n'a donc aucun moyen de forcer à travailler ceux qui s'y refuseraient. Les menacera- t-on de la prison? Leur infligera-t-on des châtiments corporels? Ce serait traiter les ouvriers comme des forçats, comme des esclaves. Pourtant, à moins d'en venir là, il faudra laisser la paresse impunie et l'en- courager par la certitude de cette impunité.

Sans doute, il y aura encore des ouvriers qui tra- vailleront par devoir, par sentiment d'honneur, par patriotisme; mais on ne peut pas espérer de tout le monde ce haut degré de perfection morale; et il est évident que *la somme totale de travail diminuera*

*dès que personne n'aura plus d'intérêt à bien tra-
vailler.* Si le travail diminue, la production diminuera dans la même proportion ; elle diminuera sur toute la ligne : il y aura moins de blé, moins de légumes ; il y aura moins de fourrage pour nourrir les troupeaux ; il y aura moins de vêtements, moins d'instruments. L'État sera forcé de diminuer la ration de pain et la ration de viande de chacun ; il ne fera plus que de loin en loin des distributions de vêtements ; on ne pourra remplacer les vieux outils qu'à de longs intervalles. Voilà la richesse universelle promise, et pour laquelle nous irions sacrifier toutes nos libertés !

L'expérience prouve bien que ces craintes ne sont pas chimériques. En tout temps, la propriété collective a été moins productive que la propriété personnelle. Nous avons vu plus haut qu'à l'origine, au moins chez plusieurs peuples, la propriété appartenait en commun à la tribu. Si, peu à peu, on a passé au régime de la propriété personnelle, c'est que l'expérience montrait les avantages de ce régime pour le développement de la production et de la richesse publique. Aujourd'hui, que veulent les socialistes ? *Nous ramener à cet état primitif dont tous les peuples ont compris les inconvénients à mesure qu'ils se civilisaient.* Et on appelle cela un progrès ! Croit-on que la propriété collective réussirait mieux dans les temps modernes que dans les temps anciens ?

Mais on a tenté quelques essais : ils n'ont jamais réussi. Un homme d'un grand cœur, Robert Owen, essaya, il y a un siècle, de fonder en Écosse et en Amérique des établissements communistes. Tout appartenait à tous ; mais, loin de prospérer, ces établissements dépérirent. Un socialiste français, Cabet, fit des tentatives analogues au Texas : même insuccès ; partout la propriété collective était incapable de produire de quoi nourrir les malheureux associés. Sur la terre africaine, il y a des tribus qui en sont encore au régime primitif de la propriété collective. Ce sont des tribus arabes. Mais cet exemple ne prouve pas en faveur du système communiste; bien au contraire. Les Arabes, avec ce système de la propriété collective, ont de la peine à vivre, sur cette terre d'Algérie, pourtant si fertile, et qui autrefois était le grenier de l'Empire Romain. Pendant la famine de 1867, 500 000 Arabes sont morts de faim. A côté d'eux, les Kabyles pratiquent le régime de la propriété individuelle; et *pas un seul homme*, sur leurs terres, *n'est mort de faim* pendant cette année terrible[1]. Ainsi, toujours, partout où l'expérience se fait, il est bien démontré que *la propriété individuelle est le seul régime qui peut nourrir un peuple: la propriété collective ne serait que le retour à l'état barbare et à l'aggravation du paupérisme.*

IV. Un homme politique allemand, M. Richter[2], a représenté dans un tableau saisissant les déceptions qui attendraient les travailleurs, si jamais, par malheur, le socialisme devait triompher. L'auteur suppose que, vers l'an 1900, l'Allemagne a proclamé le régime collectiviste. La plus grande partie de la population est en fête, pour célébrer la victoire socialiste. Au nombre des plus enthousiastes est un honnête relieur de Berlin, qui, depuis longtemps, rêvait cette révolution sociale. Son fils Franz, habile ouvrier typographe, partage ses idées; et, le jour même du triomphe, il s'est fiancé avec une ouvrière laborieuse, Agnès Muller.

1. BEAUREGARD, *ibid.*, p. 110.
2. RICHTER, *Où mène le Socialisme* (traduit en français par Villard).

Dès le lendemain, une première déception vient troubler leur joie. Le bruit se répand que le nouveau Gouvernement refuse de rembourser les sommes déposées à la caisse d'épargne. Des rassemblements se forment. La nouvelle n'était que trop vraie; car, d'après les principes socialistes, *l'État doit être le seul propriétaire.* Les. groupes deviennent menaçants : il faut, pour les dissiper, que le chancelier les fasse charger... par les pompiers (car il n'y avait plus de soldats ni de police). Agnès Muller avait 2 000 marks à la caisse d'épargne: c'était, on le pense bien, presque tout son avoir; son fiancé et son futur beau-père ont à la fois le chagrin de la voir ruinée et celui de voir la paix publique troublée au lendemain même de la victoire.

Bientôt vient le moment d'assigner à tous les hommes et à toutes les femmes leur tâche nouvelle et de les envoyer dans les ateliers de l'État. Comme il y avait à Berlin plus de typographes qu'il n'en fallait, on envoie Franz dans un atelier de typographie à *Leipzig*. Encore est-il heureux de ne pas être obligé de changer de profession; car l'État, *seul patron, seul industriel,* n'a pas assez d'ouvriers pour les métiers pénibles; il en a trop pour les métiers faciles. *Il faut donc que chacun fasse, bon gré mal gré, le métier où l'État a besoin de ses bras.* Mais comment répartir les diverses professions, pour qu'il n'y ait pas de jaloux? On décide qu'on les tirera au sort. Agnès Muller est désignée par le sort pour être *lingère*; elle était auparavant *modiste*. La femme du brave relieur est désignée pour être *garde-malade*; elle obtient toutefois d'être employée dans un hôpital de Berlin, ce qui lui permet de ne pas quitter son mari.

Après le tirage au sort d'un métier, vient le tirage au sort des logements. L'État est seul propriétaire de toutes les maisons. Il doit le logement à tous les citoyens; mais *il les loge où il veut*. Le relieur et sa femme sont transplantés dans un petit appartement où ils ne peuvent pas caser tout leur mobilier. Si, au moins, ils avaient pu emmener leur petite fille Anita, âgée de quatre ans, et le grand-père, qui, depuis de longues années, demeurait avec eux! La loi s'y oppose. L'État fait élever les enfants en commun dans des établissements publics. L'État se charge de loger et de nourrir les vieillards dans des asiles.

Si l'État loge tout le monde, l'État fait la cuisine pour tout le monde. Il fait servir, dans ses cuisines, des portions *mesurées réglementairement*. La police (car il a fallu la rétablir) veille à ce que l'ordre règne à table, et à ce que chacun n'ait que sa portion réglementaire. Du reste, dans les premiers temps, cette portion est assez convenable : 700 grammes de pain, 150 grammes de viande, du riz ou des légumes, pommes de terre en abondance. Le jeudi, il y a de la choucroute avec des pois. Plus de gens sans pain ni sans asile! Hélas! combien de temps cela va-t-il durer?

Depuis la petite émeute au sujet de la caisse d'épargne, il y a des mécontents, même dans la ville; il y en a bien plus dans les campagnes. Les paysans trouvent mauvais que l'État s'empare de leurs champs. Il a fallu rétablir l'armée : la police ne suffit déjà plus pour maintenir l'ordre intérieur. Toutefois, malgré les mécontentements, le Gouvernement obtient la majorité dans les élections de la nouvelle Chambre; mais il y a une forte opposition. Le chancelier a donné sa démission. Un second chancelier, nommé dans ces circonstances difficiles, s'aperçoit, en venant aux affaires, d'un énorme déficit dans la production nationale. Depuis que l'État nourrit les ouvriers, ils travaillent deux fois moins, et l'Allemagne ne produit

plus ni assez de blé ni assez de légumes pour nourrir
la population. Elle ne produit plus assez d'étoffe pour
la vêtir.

En face de cette triste situation, le chancelier propose à la Chambre des remèdes héroïques, pour augmenter la somme de travail et diminuer la consommation. On portera la journée de travail à 12 heures
par jour. L'obligation de travailler, au lieu de cesser
à 65 ans, durera jusqu'à 75 ans. Contre les ouvriers
paresseux, on établira la peine du cachot, et, en cas
de récidive, la bastonnade. Vu la pénurie des étoffes,
il sera interdit de porter les vêtements dont la façon
est trop coûteuse. Vu la rareté du pain, on réduira la
ration quotidienne de chacun à 500 grammes par jour,
au lieu de 700. La portion de viande sera réduite de
150 à 50 grammes; exception sera faite seulement
pour les trois grandes fêtes socialistes, à savoir pour
les anniversaires de Bebel, de Lassalle et de Lieb-
knecht.

La situation était trop tendue pour pouvoir durer
longtemps. Elle ne pouvait se dénouer que par des
catastrophes : et c'est, en effet, par la guerre civile que
se termine le triste essai de socialisme dont l'auteur
a dessiné l'esquisse dans cette fiction instructive.

Ne croyons pas que ce tableau du collectivisme soit
chargé à plaisir. Toutes les conséquences que l'auteur
déroule sous nos yeux sortent *logiquement*, *nécessairement*, de l'hypothèse où il se place. Le régime
de *l'État seul propriétaire, seul producteur*, c'est
le régime du *travail esclave* substitué au *travail
libre*. Le bon sens public voit bien où mènerait le
socialisme : aussi jamais cette doctrine ne comptera
assez d'adeptes pour passer dans les lois et réaliser
ses chimères; mais, si le socialisme n'est pas assez

fort pour arriver jamais à la victoire, il est assez fort, assez répandu dans les esprits, pour troubler la paix et la bonne harmonie des citoyens. Il ne réussira jamais qu'à les exciter à la haine les uns contre les autres. Or n'est-ce pas déjà un grand mal? Et ne devons-nous pas nous tenir en garde contre ceux qui propagent ces sentiments de révolte contre l'ordre social? Je veux bien croire qu'ils sont de bonne foi; mais alors ils sont bien aveugles; et je leur souhaite de ne pas avoir besoin, comme le relieur de Berlin et son fils Franz, d'une aussi terrible expérience pour leur ouvrir les yeux.

CINQUIÈME CAUSERIE

DE LA VRAIE APPLICATION DE LA **LOI DE CHARITÉ**.

I. Comment la question sociale doit être posée.

II. *Rôle de l'État dans la lutte contre la misère.* Son rôle est :
1° de *protéger* ; 2° de *faciliter* le travail. — Lois de protection
(loi de 1884 sur les syndicats ; — loi sur les assurances, etc.). —
Lois ou projets de lois auxiliaires du travail (institutions de
crédit, etc.).

III. *Rôle de l'initiative privée.* — Sociétés de secours mutuels.—
Sociétés coopératives de consommation et sociétés coopératives
de production. — Habitations ouvrières. — Repos du dimanche :
son importance, non seulement au point de vue hygiénique,
mais aussi au point de vue moral. — Conclusion.

Mes amis,

I. Si, dans notre dernière causerie, nous avons atta-
qué les théories du socialisme, c'est que les moyens
dont il veut faire l'essai pour lutter contre la misère
sont injustes et inefficaces. Mais son but est le nôtre.
Seulement, les progrès qu'il veut réaliser par le despotisme de l'État et le travail réglementé, nous croyons
plus pratique de les réaliser par la *liberté du travail.*
Comme les socialistes, et autant qu'eux, nos économistes, nos hommes d'État, veulent que l'ouvrier *parvienne, quant à présent, à vivre; et qu'il parvienne
le plus tôt possible à devenir lui-même propriétaire.* Les moyens, ce sont les caisses d'épargne et le
crédit, qui permettront — au paysan d'acheter *peu à
peu* un coin de la terre qu'il cultive, — à l'ouvrier
d'acheter sur son salaire la maison qu'il habite.

Voyons ce qui a déjà été réalisé de ce programme,
et ce qui est en voie de se réaliser; le bien déjà fait
nous donnera l'espoir d'en voir faire encore davantage, et nous rendra plus équitables envers la société.
Dans cette revue des réformes accomplies ou en voie

de s'accomplir, cherchons d'abord la part qui revient à l'État; nous verrons ensuite ce que l'initiative particulière a entrepris sous la protection d'un régime libéral et sincèrement démocratique.

II. Le rôle de l'État n'est pas seulement de nourrir ceux qui meurent de faim ou d'ouvrir des hôpitaux aux malades; sans doute, il ne méconnaît pas ce premier devoir élémentaire, puisqu'*une partie du budget est employée à l'assistance publique*. Mais l'État a un second devoir, et c'est de celui-là que nous avons à parler : c'est de donner à l'ouvrier, non du pain, mais le *moyen d'en gagner*. Pour cela, l'État, on l'a vu, ne doit pas se faire *entrepreneur unique, unique patron*; il doit *protéger* et *faciliter* le travail. Ces deux mots *protéger* et *faciliter* résument à eux seuls les devoirs de l'État.

Cherchons donc quelles lois l'État a faites, à notre époque, pour la *protection* des ouvriers; nous chercherons ensuite quelles lois il a faites, quelles mesures il a prises pour *faciliter* le travail.

S'il est une loi qui puisse s'appeler à juste titre *une loi de protection* pour les ouvriers, c'est bien la loi de 1884 sur les syndicats. Déjà, depuis 1864, la loi permettait les grèves. Les grèves! Vous vous rappelez ce que nous avons dit de leurs abus, de leurs dangers, et, dans bien des cas, de leur inutilité absolue pour les ouvriers. Mais enfin, *en principe*, sous la réserve des abus délictueux toujours punissables, notre législation reconnaît le droit de grève; et le délit de *coalition*, inscrit autrefois dans nos codes, a disparu dans la loi du 25 mai 1864. Celle de 1884 a fait plus : elle a autorisé les cultivateurs et les ouvriers à former des *associations permanentes*, sous le nom de *syndicats*. Ces syndicats peuvent devenir des forces

4.

capables d'opposer une immense résistance aux capitalistes, dans le cas où ceux-ci refuseraient une augmentation de salaire qui *serait justifiée par la prospérité de l'entreprise.* Je ne parle que de ce cas; car, si le capitaliste ne fait que *peu de bénéfices,* — ce qui arrive *bien souvent,* — s'il ne peut accorder l'augmentation demandée sans se ruiner, il est clair qu'il ne cédera pas et aimera mieux se retirer. Mais enfin le salaire *n'a plus d'autres limites que les droits du capitaliste* et la *quantité de la production.* Ainsi a disparu cette fameuse *loi d'airain,* formulée par Ricardo et exploitée comme thème des déclamations socialistes : le salaire, disait-on, ne pourra jamais s'élever au delà du prix strictement nécessaire aux besoins journaliers de l'ouvrier. Vous savez ce qui en est aujourd'hui : les salaires, nous l'avons constaté dans une causerie précédente, ont augmenté de 70 pour 100 depuis 1850[1].

Ces syndicats professionnels peuvent se former soit entre ouvriers, soit entre patrons, soit même, ce qui vaut encore beaucoup mieux, entre des ouvriers et des patrons. Si cette dernière forme est préférable, c'est qu'elle suppose *un accord de volontés, une bonne harmonie entre les uns et les autres : et les intérêts ne s'en trouvent que mieux.*

Sans doute, on peut abuser du pouvoir que donne l'association; mais on peut abuser des meilleures choses; il suffit que la loi soit observée par les syndicats pour qu'ils restent ce qu'ils doivent être : des associations *pour améliorer le sort des ouvriers, et non pas des forces révolutionnaires pour troubler la société.*

Au nombre des lois de protection, il faut compter

1. BEAUREGARD, *ibid.,* p. 154.

la loi, votée en 1892, pour limiter le nombre d'heures de travail dans les manufactures, et la loi de 1889, sur les assurances contre les accidents : cette dernière loi met à la charge du patron tous les accidents survenus aux ouvriers dans leur travail ou à l'occasion de leur travail[1]. Certes, on ne dira pas que nos législateurs font des lois tout à l'avantage des patrons.

L'État ne s'est pas seulement préoccupé de protéger l'ouvrier; il a voulu lui procurer plus de facilité pour trouver du travail. C'est dans ce but qu'il avait autorisé l'institution des Bourses de Travail. Malheureusement, à Paris, les groupes socialistes s'étaient installés à la Bourse du Travail comme dans leur propriété exclusive; ils ont refusé de se soumettre aux prescriptions de la loi : force a donc été au Gouvernement de la fermer à cause de cette révolte contre la loi. Mais est-ce au pouvoir qu'il faut s'en prendre si l'institution a mal tourné? Toute agitation révolutionnaire aura toujours pour effet nécessaire de paralyser les intentions les plus libérales; le progrès de la démocratie n'est possible et n'est durable qu'au prix de la légalité et de la paix publique.

Ce n'est pas tout de chercher à procurer aux ouvriers des moyens pour trouver du travail; il importe aussi de leur donner des facilités pour trouver du crédit. C'est une chose excellente, en principe, que les *Banques populaires*.

Le capital nécessaire pour former ces *associations de crédit* doit se fonder par les souscriptions des adhérents; la société ainsi constituée répond pour chacun de ses membres, de sorte que chacun d'eux peut trouver du crédit quand il a besoin d'emprunt. Ce genre d'association a bien réussi en Italie et en

---

1. L'abbé FERET, *la Question ouvrière*, p. 170.

Allemagne; en France, on en est encore aux essais; mais les économistes, d'une part, le Gouvernement, de l'autre, ont mis à l'étude cette question du *Crédit ouvrier* et du *Crédit agricole*. Dans l'intention des hommes politiques qui préparent des projets de lois sur ces institutions de crédit populaire, elles devraient fonctionner sous la garantie de l'État[1]. En attendant que ces projets aboutissent à des lois, on peut signaler des essais de banques populaires fondées par des particuliers : *le Crédit mutuel agricole de Poligny*, et *le Crédit mutuel et populaire de Bourges*[2].

III. Vous voyez que l'État ne néglige pas ses devoirs envers les ouvriers. Énumérons maintenant les institutions dues à l'initiative particulière.

Citons d'abord les sociétés de *secours mutuels*. Vous les connaissez, vous en appréciez depuis longtemps les avantages. Mais, à côté de leur utilité matérielle, ces institutions ont un côté moral qui mérite d'être signalé. C'est le triomphe de l'idée de *solidarité*, de *fraternité*; et je ne parle pas là seulement de la solidarité entre les ouvriers souscripteurs, qui ont droit aux secours, mais de la solidarité entre les ouvriers et les *membres honoraires, qui sont uniquement des bienfaiteurs et n'ont droit à aucun secours*.

Le même esprit de solidarité a fondé les associations *coopératives*. Non seulement il y a des sociétés coopératives de *consommation*, que vous connaissez tous, et qui permettent aux associés d'acheter *bon* et à *bon marché*, en s'adressant aux magasins de la société; mais il existe aussi des associations *coopératives de production*. Des ouvriers économes mettent

1. L'abbé FERET, *la Question ouvrière*, p. 135.
2.   —   *ibid.*, p. 135 et 136.

en commun leurs épargnes, achètent les matières premières et fondent une industrie qu'ils exploitent à leur compte : ainsi, ils sont à la fois *capitalistes* et *ouvriers*. On cite souvent l'exemple remarquable des *Équitables Pionniers de Rochdale*. En 1843, plusieurs ouvriers tisserands fondèrent à Rochdale, près de Manchester, une société coopérative de *consommation*. Ils firent des bénéfices, et, treize ans plus tard, ils employèrent leurs économies à installer une filature : c'était donc une société coopérative de *production*. L'entreprise prospéra. L'exemple est encourageant. Ce n'est pas le seul. De nos jours, les mineurs de Rive-de-Gier ont réussi à faire quelque chose de plus difficile. En 1886, la Compagnie des Houillères de Rive-de-Gier abandonna ses mines comme peu productives : les ouvriers, sans travail, songèrent à les exploiter à leur compte. Le Gouvernement les leur concéda, *avec le consentement de la Compagnie*; mais ils n'avaient ni capital, ni matériel : pour détacher le charbon, ils se servaient de pioches de jardinier, de pelles de ménage; ils le transportaient avec des brouettes. Le charbon était médiocre; à force de chercher, ils en trouvèrent d'excellent. Bientôt ils réalisèrent des bénéfices. La société est aujourd'hui prospère[1].

Tout le monde ne peut pas faire des merveilles comme les mineurs de Rive-de-Gier. Ces sociétés de production sont assez rares, à cause de la difficulté de trouver le capital et de rencontrer un associé capable de les diriger. Mais, à défaut de la *coopération*, qui rend l'ouvrier possesseur du *capital entier*, il y a le régime de la *participation*, qui l'associe aux *bénéfices*

1. V. REGNAULT et WATTON, *Revue d'Économie politique*, 1893, et *Journal des Débats*, 23 novembre 1893 (soir).

du capital. Nous avons parlé plus haut de ces sociétés en *participation*.

Le meilleur emploi que l'ouvrier puisse faire de ses économies, c'est d'acheter sa maison. De même que l'ambition du fermier est d'acheter sur ses épargnes le coin de terre qu'on lui a loué[1], de même l'ouvrier doit aspirer à devenir propriétaire. Ce n'est pas une chimère : les logements ouvriers, salubres, agréables, construits à bon marché, achetés à crédit, payés à la longue sur les économies, tel est l'idéal qui s'est déjà réalisé et à Mulhouse et dans d'autres grands centres industriels. De 1854 à 1877, une société de *maisons ouvrières* a construit et vendu à des ouvriers 945 maisons : c'est un tiers de la population ouvrière de Mulhouse qui se trouve ainsi *propriétaire*. D'autres sociétés de ce genre s'établissent en France. On ne saurait trop encourager les patrons qui fondent ainsi des cités ouvrières, et les ouvriers qui économisent pour acheter la maison de famille. C'est l'État surtout qui devrait encourager ces maisons ouvrières en diminuant les exigences fiscales qui gênent ces travailleurs en train de devenir propriétaires fonciers. C'est le vœu d'un illustre économiste, aussi ardent à réclamer les réformes vraiment démocratiques qu'à combattre les dangereuses chimères du socialisme.

« La solution de la question sociale, dit M. Leroy-« Beaulieu, consisterait à supprimer ceux des impôts « empêchant l'ouvrier de devenir propriétaire ou ca-« pitaliste, de transmettre à sa famille pour héritage « son patrimoine sans que le fisc en prélève une trop

---

1. La preuve que les cultivateurs ne cessent de tendre à devenir propriétaires du *sol*, c'est qu'en France *dix-sept millions* d'hectares de terre appartiennent au paysan qui les cultive; *seize millions* d'hectares seulement sont affermés. (BEAUREGARD, *ibid.*, p. 131.

« grosse part. La réduction à 1 1/2 pour 100 des droits
« de vente d'immeubles est un des dégrèvements les
« plus utiles[1]. »

En devenant propriétaire, l'ouvrier sent mieux encore les joies de la famille : il est heureux de penser qu'il laissera sa maison, son petit jardin, à ses enfants, et que ceux-ci, encouragés par l'exemple, deviendront, à leur tour, économes pour leurs enfants. C'est ainsi que se forment peu à peu les familles qui parviennent à l'aisance. Il y a donc là une amélioration morale en même temps qu'une amélioration matérielle.

Enfin, puisque nous parlons des causes morales qui contribuent à relever et à encourager l'ouvrier, il en est une qu'il n'est pas permis d'oublier : c'est le sentiment religieux. Le repos du dimanche est le meilleur moyen d'entretenir cette vie de l'âme, cette foi religieuse qui nous réconforte au milieu des épreuves et nous fait regarder les choses par leur côté lumineux. Honneur aux économistes et aux philosophes qui prêchent l'observation du dimanche ; honneur aux administrations et aux industriels qui la pratiquent. En nous élevant vers la pensée consolante de l'immortalité de l'âme et d'un monde meilleur, n'allez pas croire que la religion, — comme vous l'avez peut-être entendu dire quelquefois, — nous fasse négliger les devoirs et les intérêts légitimes de ce monde terrestre. Si elle nous montre au ciel une récompense *personnelle* de nos travaux et de nos *souffrances*, elle nous en montre une seconde *sur la terre* dans *la personne de nos enfants.*

Le socialisme veut nous enlever à la fois ces deux

---

1. LEROY-BEAULIEU, *Essai sur la Répartition des Richesses,* p. 221, 222.

consolations. Non content de nous refuser l'immortalité de l'âme, — à laquelle le genre humain a toujours
cru, — il nous conteste encore le droit de léguer à nos
enfants le fruit de nos peines et de notre épargne.
Vous êtes trop bons pères pour n'en pas être révoltés.
Nous avons vu, d'ailleurs, que la suppression de l'héritage, en décourageant le travail, tarirait la source de
la richesse publique. Est-ce le moyen d'accroître la
part du pauvre? Aussi n'écouterez-vous jamais ces
apôtres de la destruction. Mieux inspirés sont ceux qui
vous disent : « NE DÉTRUISONS PAS, MAIS AMÉLIO-
« RONS. TRAVAILLONS ET CROYONS. C'EST ENCORE
« LE MEILLEUR SECRET DU BONHEUR. »

TABLE DES MATIÈRES

Paris. — Imprimerie DELALAIN frères, 1 et 3, rue de la Sorbonne.